秒懂AI 成为DeepSeek写作高手

杜凤华 著

人民东方出版传媒
People's Oriental Publishing & Media
东方出版社
The Oriental Press

图书在版编目（CIP）数据

秒懂 AI. 成为 DeepSeek 写作高手 / 杜凤华著.
北京：东方出版社，2025. 5. — ISBN 978-7-5207
-4488-1

I. H152.3-39
中国国家版本馆 CIP 数据核字第 20259XE619 号

秒懂 AI——成为 DeepSeek 写作高手
MIAODONG AI —— CHENGWEI DeepSeek XIEZUO GAOSHOU

| 作　　者：杜凤华
| 策划编辑：鲁艳芳
| 责任编辑：王晶晶　杭　超
| 出　　版：东方出版社
| 发　　行：人民东方出版传媒有限公司
| 地　　址：北京市东城区朝阳门内大街 166 号
| 邮政编码：100010
| 印　　刷：北京联兴盛业印刷股份有限公司
| 版　　次：2025 年 5 月第 1 版
| 印　　次：2025 年 5 月北京第 1 次印刷
| 开　　本：710 毫米 × 1000 毫米　1/16
| 印　　张：17.5
| 字　　数：276 千字
| 书　　号：ISBN 978-7-5207-4488-1
| 定　　价：59.80 元
| 发行电话：（010）85924663　85924644　85924641

版权所有，违者必究
如有印装质量问题，我社负责调换，请拨打电话：（010）85924602

前言

这些年,我常被问到一个问题:"公文写作到底难在哪儿?"从国企办公室的"老笔杆"到智能写作工具的实践者,我见证了太多人对着电脑屏幕抓耳挠腮的场景——有人因为漏写签发人字段被巡视组点名,有人因数据对不上号翻遍五年档案,更有人为了一句"再斟酌一下语气"熬到凌晨三点。这些看似琐碎的烦恼,实则是整个行业效率困境的缩影。

两年前,我写《高效公文写作一本通》时,教的是怎么用荧光笔标格式、用文件夹建台账。但今天,当年轻人举着手机用语音输入会议纪要,当系统自动标红格式错误,我忽然意识到:技术早已悄然改写了游戏规则。这不是简单的工具升级,而是一场让文字工作者从"体力劳动"转向"脑力创造"的革命。

技术带来的改变是实实在在的。过去改五遍请示件就为"请予支持"四个字的日子正在远去,现在系统能自动对比历年文件措辞,给出领导偏好的表达建议;曾经花大量时间翻箱倒柜找数据,现在只需点开智能检索,三年前的会议纪要和上周的审计报告就会自动关联;更不用说跨部门联署文件时,再也不用对着二十个"最终版.docx"抓狂,云端协作让七个人同时修改的文件也能实时追踪到版本。

但工具再聪明,终究是给人用的。这些年我带新人,发现两种极端:要么迷信技术,把AI生成的稿子直接上交,结果闹出"请相关单位高度重视本次台风(注:台风名称待填)"的笑话;要么固守传统,非用手抄台账才觉得踏实。这本书想做的,就是帮你找到"人机协作"的黄金平衡点——让工具搞定格式校对、数据归集这些重复劳动,让人专注政策解读、逻辑梳理这些真正需要智慧的工作。

当然，也有工具解决不了的难题。就像有人找我吐槽："系统生成的工作报告数据精准，但领导总说缺了点力度。"我让他把结尾的"请各部门落实"改成"请于 48 小时内反馈执行方案，抄送纪委备案"，结果一次过审。你看，工具能保证不出错，但怎么让文件带着"推动力"，还得靠人对组织生态的理解。就像炒菜，火候、调料可以量化，但最后那勺提鲜的料酒，终究得靠掌勺人的经验。

这本书里的每一条建议，都源自我和同事们"踩过的坑""熬过的夜"。从中你会看到：

· 怎么用"三问法"快速搭框架，把领导说的"先搭骨架再填肉"落到实处？

· 如何处理"再提炼提炼"这类模糊意见，把五轮修改压缩到两轮？

· 怎样把 Excel 里冰冷的数字变成领导一眼看懂的趋势图？

· 跨部门扯皮时，怎么用"责任映射表"让每个部门都找不到推诿的借口？

…………

从钢笔到键盘，从档案柜到云端，变的从来不是文字传递价值的本质，而是我们创造价值的方式。愿这本书能陪你走过这段转型之路，在技术的浪潮中，找到属于文字工作者的从容与智慧。

杜凤华
2025 年 4 月

第一章 公文写作的五大挑战与 DeepSeek 解决方案

1.1 时间困境：为什么公文工作占据了大量时间？…………… 002

1.2 表达难题：如何在专业性与通俗性之间找到平衡？………… 007

1.3 格式难关：一份规范的公文该如何呈现？………………… 011

1.4 审核焦虑：如何减少反复修改的低效循环？……………… 015

1.5 心理负担：公文写作焦虑如何通过 DeepSeek 缓解？……… 020

第二章 通知 / 公告——DeepSeek 分场景应急指南

2.1 行政通知：DeepSeek 生成政府工作部署模板 …………… 026

2.2 紧急通告：暴雨 / 停电时 5 分钟生成响应方案 …………… 033

2.3 招标公告：DeepSeek 自动嵌入法律合规条款 …………… 041

2.4 跨部门通知：DeepSeek 生成 8 版本精准推送 …………… 047

第三章 汇报 / 报告——DeepSeek 数据征服全场景

3.1 行政报告：DeepSeek 量化民生数据 + 政策建议 ………… 058

3.2 项目结项报告：DeepSeek 用 ROI 图表说服甲方 ………… 065

3.3 突发事件报告：DeepSeek 生成风险分析 + 应急预案 …… 072

3.4 行业调研报告：DeepSeek 抓取全网数据对比竞品 ……… 078

3.5 高层简报：DeepSeek 万字浓缩 1 页纸 + 领导潜台词解读 … 084

第四章 述职报告——DeepSeek 分场合升职指南

4.1 年终述职：DeepSeek 用数据证明全年贡献值 …………… 092

4.2 晋升述职：DeepSeek 包装潜力点打动决策层 …………… 099

4.3 跨部门述职：DeepSeek 设计双赢话术破壁垒 …………… 106

第五章 会议纪要——DeepSeek 全场景精准记录

5.1 行政会议纪要：DeepSeek 提炼政策部署＋任务分工 ……… 116

5.2 商务会议纪要：DeepSeek 生成合作条款＋责任清单 ……… 123

5.3 技术会议纪要：DeepSeek 秒转专业术语为执行步骤 ……… 131

5.4 学术会议纪要：DeepSeek 整理核心观点＋研究争议点 …… 139

第六章 请示/批复——DeepSeek 分类型沟通术

6.1 项目延期请示：DeepSeek 把"锅"变"客观困难"话术 … 148

6.2 费用超标请示：DeepSeek 用同行数据加谈判筹码 ………… 156

6.3 否决批复：DeepSeek 把"不同意"说得双方满意 ………… 164

6.4 跨级请示：DeepSeek 生成不越权的分寸感模板 …………… 172

第七章 年度总结/计划——DeepSeek 分部门攻略

7.1 行政部门工作总结：DeepSeek 用政策覆盖率量化政绩 …… 180

7.2 市场部门计划：DeepSeek 生成竞品分析＋增长路径 ……… 188

7.3 技术部门规划：DeepSeek 拆解任务到代码级 TODO ……… 196

7.4 财务预算报告：DeepSeek 设计成本收益对比表 …………… 205

第八章 职场文案——DeepSeek 高情商表达术

8.1 催办邮件：DeepSeek 让拖延症同事主动加班 …………… 214
8.2 道歉函：DeepSeek 三段式熄灭客户怒火 ………………… 221
8.3 项目提案：DeepSeek 设计四重利益钩吸引资源 ………… 229
8.4 商务合作函：DeepSeek 生成互利条款＋风险规避 ……… 236

第九章 领导讲话稿——DeepSeek 分场合定制

9.1 动员大会：DeepSeek 插入行业案例与危机预警 ………… 244
9.2 表彰大会：DeepSeek 生成员工专属贡献故事 …………… 251
9.3 行业论坛：DeepSeek 抓取热点数据打造爆款观点 ……… 258
9.4 危机公关：DeepSeek 设计"认错和整改"双轨话术 ……… 265

公文写作的五大挑战与 DeepSeek 解决方案

公文写作，是许多职场人避不开的一项重要工作。从领导的指示到对外的沟通，一份公文不仅承载着信息，更直接关系到工作效率和形象。然而，公文写作并不是一件容易的事：时间紧、任务重，措辞难以精准，格式不规范，反复修改令人疲惫，甚至还有挥之不去的心理压力。这些挑战让不少人谈"公文"色变。本章我们将聚焦公文写作中最常见的五大难题，从根源找痛点，从实践寻妙招，帮助你轻松应对这些困扰。通过简单易行的方法与实用技巧，你会发现，公文写作并不只是任务，它也可以成为提升个人能力的绝佳机会。

1.1 时间困境：为什么公文工作占据了大量时间？

凌晨 1 点 23 分，某街道办的李姐揉了揉酸痛的脖子。电脑屏幕上，一份《关于举办社区垃圾分类培训的通知》已经改了第七版——标题从"二号字"调到"小标宋"；附件漏传又被退回；主送单位的顺序则依据"按编制排序"的要求，反复调整；微信群里领导的消息突然弹出来："明天上午 8 点前必须定稿，各部门同步抄送！"

她苦笑着点开文档属性，文件名从"通知初稿"一路演变成"最终版""绝对不改版""领导说再改就辞职版"。这不是李姐一个人的困境。在基层，这样的"文件马拉松"每天都在上演：明明只是写份通知，怎么总像在闯关打怪？

今天，我们就从 3 个最扎心的场景切入，拆解这份"时间困境"的真相。更重要的是你将看到，当 DeepSeek 介入后，这些"顽疾"如何被逐一击破。

一、流程像闯关：每个环节都在"等"

如果说公文写作是场接力赛，那跑道上永远有个隐形的对手：时间。

1. 签字流程：跑断腿的"办公室马拉松"

去年夏天，某区教育局的小王为发布一份《暑期安全注意事项通知》，经历了这样的"奇幻漂流"：

周一早晨，他抱着文件先找科长初审，科长圈出 3 处"措辞不够严肃"；周二送到副处长办公室，领导正在开会，文件在秘书桌上躺了一天；周三好不容易签完字，分管领导临时出差 3 天，流程直接卡死。等到最终盖章时，暑假已经过去一半。

数据真相：某市 2024 年政务报告显示，普通公文平均流转 5.8 个环节，跨部门文件耗时翻倍，而最让基层崩溃的是——70% 的延误发生在"等领导签字"环节。

▎DeepSeek 破局时刻

如今的小王学会了新招数：用 DeepSeek 管理签字流程后，系统自动生成流程图，实时显示"当前环节：分管领导审批；剩余时间：12 小时"。分管领导出差？手机立刻弹出提醒："您有一份紧急文件待批注。"领导在高铁上点开文件，手写批注直接同步到 OA 系统（办公自动化系统，Office Automation System）。原先需要跑 3 天的流程，现在喝杯咖啡的时间就能闭环。

2. 重复劳动：填表员的"西西弗斯诅咒"

如果说签字流程是"等"的煎熬，那么填表改稿就是"重复"的酷刑。某乡镇办事员小张对此深有体会：去年防汛季，他需要把一份《应急物资清单》录入 5 个系统——OA 平台要 Excel 表格，财政系统要 PDF 扫描件，应急管理系统要在线填报……录到第三个系统时，他突然发现把"编织袋 2000 条"错写成"200 条"，瞬间血压飙升。

扎心数据：某省统计显示，基层人员 35% 的时间花在机械劳动上——改格式、调行距、核对基础数据，这些本该由工具完成的工作，吞噬了无数个本可用于实地调研的下午。

▎DeepSeek 救赎之路

现在的 DeepSeek 用户只需做一件事：在写作界面输入"编织袋 2000 条"，系统自动生成带公章的标准表格，并同步推送至所有关联平台。更神奇的是"版本时光机"——当领导说"还是用第二版吧"，小张 3 秒就能调出历史记录，连当时标注的便签都原样保留。

3. 紧急任务：凌晨 2 点的"文件闪电战"

公文写作最残酷的考验，往往来自突发任务。某市交管局的小刘对此刻骨铭心：去年暴雨夜，他在凌晨 2 点接到通知——3 小时内必须发布《主干道临时管制通告》。他手忙脚乱地翻遍电脑，却发现去年的模板早已失效，匆忙拼凑的版本漏了关键路段。第二天晨会上，领导举着文件质问："为什么解放大道的管制措施没写进去？"

基层痛点：某智库 2025 年调研显示，虽然紧急公文占比超 20%，但 80%

的单位仍依赖人工整理历史模板，犹如在暴雨中临时搭茅屋。

▌DeepSeek 应急模式

如今的小刘面对类似任务，只需在 DeepSeek 输入"暴雨""封路"等关键词。系统瞬间激活"红色预警"模板，自动关联气象局实时数据、交警布控方案，甚至调用去年同路段管制记录。30 分钟后，一份附带电子地图、责任分工表、联络树状图的通告已通过微信、短信、OA 系统同步推送到 8 个部门——而这一切，发生在他喝完一杯浓咖啡的时间里。

二、写作像走钢丝：每句话都要"三思"

如果说流程是看得见的敌人，那么写作中的隐形陷阱才是真正的"时间杀手"。

1. 领导的口头禅："再改改"

某局新入职的小赵曾天真地认为，写公文就是"把话说清楚"，直到他遭遇职业生涯的第一次暴击：一份普通的会议通知，被领导批注了 12 处，如"政治站位不足""责任主体模糊""重点不突出"等。改了 8 版后，领导轻飘飘丢下一句："还是用第一版吧。"那一刻，他深刻理解了什么叫"公文写作是门玄学"。

隐藏雷区：
- "原则上同意"可能被解读为"实际不同意"；
- 漏写一个"抄送单位"，直接导致信息断链；
- 把"持续推进"写成"大力推进"，可能引发过度执行。

▌DeepSeek 外挂上线

现在的小赵打开 DeepSeek 时，会看到一个"智能批改助手"。当他写下"请各部门高度重视"时，系统弹出提示："检测到模糊表述，建议改为'请××局于 3 个工作日内提交实施方案'。"点击"政治站位"标签，立刻跳出 20 条标准表述："深入学习贯彻××精神""牢固树立底线思维"……用他的话说："这简直是给文科生配了个计算器。"

2. 格式强迫症：字号和行距的"无限战争"

如果说内容是公文的灵魂，那么格式就是它的"面子工程"——而这个"面子"，往往要靠"里子"来买单。某单位的小王永远记得那个"黑色星期五"：因为把"仿宋 GB2312 三号"错用成"宋体"，文件被上级退回；李科长坚持"封面不算页码"，导致全文页码错位；最离谱的是某次紧急会议，大家发现文件缺了公章，所有人冲回办公室连夜补材料。

国标冷知识：
- 页码必须使用 4 号半角宋体阿拉伯数字；
- 发文机关标志距上页边 72mm；
- 版记中的分隔线长度精确到 15.4mm。

▍DeepSeek 格式革命

现在的 DeepSeek 用户只需做两个动作：选择文件类型（通知/报告/函），点击"一键合规"。系统瞬间完成从字号、行距到页码、版记的全面适配，连"附件名称与正文空一行"这种细节都能精准把控。提交前再用"风险扫描仪"检查——红灯表示致命错误（比如漏盖章），黄灯提示建议优化（如行距偏差 0.5 磅），绿灯全开才能安心点击发送。

三、沟通像打太极：每个部门都在"踢皮球"

如果说前两个困境是"单兵作战"的难题，那么跨部门协作就是团队版的"地狱模式"。

1. 推诿大战："这不该我管"

在某次跨部门协调会上，发生过这样经典的一幕：
A 部门："数据应该 B 处提供。"
B 处："这事归 C 科负责。"
C 科："我们只负责汇总，原始数据在 D 办公室……"
这场"传球游戏"持续一周后，文件因"数据不全"被上级退回。而最具讽刺意味的是——所有部门都觉得自己"已经尽力了"。

时间黑洞：某市 2024 年统计数据显示，跨部门协作公文平均耗时 7.3 天，是单一部门文件的 3.2 倍。

▌DeepSeek 破壁行动

如今的 DeepSeek 用户打开"责任地图"功能，输入"老旧小区改造资金申请"，系统立刻显示：住建局负责审批标准（对接人张科长）、财政局核定预算（对接人李主任）、街道办提供基础数据（对接人王干事）。点击"协同编辑"，三方人员在线同步批注，修改记录精确到秒——谁在推诿，系统后台看得一清二楚。

2. 文件迷宫："去年发过类似通知"

在某单位的档案室里，藏着这样一个"都市传说"：3 年前某份《防汛应急预案》明明存在，却因为文件名被存为"夏天防雨方案（终版）修改版 123"，导致工作人员翻箱倒柜 2 小时无果。最后，就在不得不重新起草时，却在打印机旁发现了那份"幽灵文件"——它被用来垫咖啡杯了。

数据真相：传统档案检索一次平均耗时 12 分钟，错误率高达 40%。更可怕的是，找到文件只是开始。如何确认它是否过期？是否有后续补充通知？这些才是真正的"隐藏关卡"。

▌DeepSeek 智能导航

现在，当用户输入"防汛""物资调度"等关键词，DeepSeek 的语义搜索引擎会在 3 秒内定位相关文件——哪怕文件名是"2019 年夏天那件事 .doc"。更厉害的是"智能关联推荐"：找到目标文件后，系统自动推送近 3 年同类文件、上级最新政策，甚至智能标注如"注意：2024 年防汛等级标准已更新"。用档案室管理员的话说："这就像给陈年仓库装了定位系统。"

1.2 表达难题：如何在专业性与通俗性之间找到平衡？

"这写的是啥？根本看不懂！"某社区办公室里，王大妈举着《关于开展智慧养老平台试运行的通知》直皱眉。文件里全是"数字化转型""多端异构数据整合"等术语，她转头问工作人员："你就说这玩意儿咋用？能不能直接教我怎么用手机叫医生？"

同样头疼的还有起草这份通知的小林——上周领导批注"专业性不足"，这周群众反馈"看不懂"，夹在中间的他恨不得把文件撕成两半："到底要怎么写，才能让领导和群众都满意？"

这种"两头不讨好"的困境，正是公文写作者的日常。今天，我们就从3个最典型的"翻车现场"出发，拆解专业与通俗的平衡密码，并揭秘DeepSeek如何让公文既权威又"说人话"。

一、术语迷宫：当"专业"变成"天书"

数据真相：某市2024年调研显示，63%的群众认为政策文件"术语太多，看不懂"，而72%的上级单位要求"必须体现专业高度"——写作者就像走钢丝的杂技演员，稍有不慎就会跌落。

1. 政策文件的"翻译危机"

某街道的小杨永远记得那次尴尬的宣讲会。当他照着文件念出"构建多元主体协同治理机制"时，台下的大爷大妈开始交头接耳："啥叫主体？协同是啥意思？"最后社区书记不得不救场："就是说咱们街道、物业、业委会要一起管事！"

▌DeepSeek破局工具：术语天平

• 智能降维功能：
输入"多元主体协同治理"，DeepSeek自动生成两套表述——
专业版："建立政府主导、市场运作、社会参与的协同治理架构。"

通俗版："街道牵头，物业公司干活儿，居民监督提意见。"

• 受众适配模式：

选择"报送上级"自动强化专业术语，选择"群众告知"切换大白话，一键解决"一稿两用"难题。

2. 技术文档的"火星文困境"

某智慧城市项目组的小张曾因一份《物联网终端接入规范》被骂哭——工程师嫌她"把 TCP/IP（传输控制／网际协议）简写得像小学生作文"；街道办却投诉"完全看不懂操作步骤"；最扎心的是领导批注："要专业，但不能只有专业人士懂！"

经典翻车案例：

• 把"API（应用程序接口）"直译成"数据传声筒"，被技术员嘲讽"业余"；

• 用"请在终端设备执行初始化配置"指导社区人员，对方反问："终端是啥？初始化是开机吗？"

▎DeepSeek 解法：三段式表达法

• 专业定义（满足技术标准）："API：应用程序编程接口，用于系统间数据交互"；

• 场景比喻（帮助理解）："就像邮差在两个办公室之间送文件"；

• 操作指南（落地执行）："点击【系统设置】→选择【对接平台】→输入授权码"。

——用 DeepSeek 的"分层写作"功能，三类内容自动分栏呈现，不同受众各取所需。

二、受众鸿沟：当"精准"撞上"误解"

1. 对上汇报的"高度陷阱"

某县农业农村局的老周吃过闷亏：在乡村振兴报告中写了"新建 20 个蔬菜大棚"，被领导批评"缺乏政治站位"。熬夜改成"践行绿色发展理念，构建现代农业产业矩阵"后，村民却问："矩阵是啥？能换成浇水管吗？"

血泪教训：

- 对上级过度通俗＝不够专业；
- 对群众过度拔高＝不说人话；
- 最要命的是——一份文件常常需要同时报送两者！

▎DeepSeek 智能分身术

- 双轨生成模式：

输入基础内容后，DeepSeek 自动拆解生成两个版本——

领导版："聚焦供给侧结构性改革，推动设施农业提质增效。"

群众版："今年新建 20 个带自动喷淋的蔬菜大棚，每亩增收 3000 元。"

- 风险提示系统：

检测到"矩阵""机制"等抽象词时自动标注："该表述群众理解度低于 30%，建议添加案例说明"。

2. 跨部门文件的"方言冲突"

在某次跨部门协调会上，发生过这样啼笑皆非的对话：

财政局："请提供项目 ROI（投资回报率）测算数据。"

教育局："啥是 ROI？我们只有经费使用表。"

卫健局："就是投入产出比！我们叫'成本效益分析'。"

同一个指标，3 个部门用了 3 种说法，会议开了 2 小时还没对齐术语。

▎DeepSeek 破壁方案：术语转换器

- 输入"ROI"，自动显示各部门习惯表述：

财政 / 发改："全生命周期投资回报率"；

教育 / 民政："投入与效果比值"；

企业版："赚回本钱需要多久"。

- 点击"智能适配"，系统按接收单位属性自动转换表述，避免"鸡同鸭讲"。

三、分寸艺术：当"严谨"遇见"温度"

1. 政策宣贯的"温度悖论"

某市出台《灵活就业人员社保补贴办法》，本是好事，却因文件里冷冰冰的"依规申领""逾期不予受理"引发群众不满："怎么说得像施舍一样？"而当经办人员改成"欢迎申请""我们为您护航"时，上级又批评"表述不够规范"。

▍DeepSeek 分寸尺功能

• 温度调节滑杆：

向左滑动增加严谨性："符合条件者可于规定期限内申领。"

向右滑动注入温度："欢迎您携带材料前来办理，我们将全程协助。"

• 合规性检测：

过度口语化的"咱们""亲"会自动标记，建议改为"申请人""相关群众"。

2. 危机通告的"力度难题"

某地疫情防控通告曾引发争议——

初版："禁止任何人员擅自离开封控区。"被批"像训犯人"。

修改版："让我们携手守护家园平安。"又被骂"太绵软"。

最终定稿："严格实行封控管理，确有就医等紧急需求请联系社区。"才平衡了力度与温度。

▍DeepSeek 的"表达光谱"技术

输入事件类型（如"疫情封控"），系统提供从"强硬"到"温和"的 10 级表述选项：

1 级："严禁外出，违者追责"（适用于紧急危机）；

5 级："非必要不外出，特殊情况请联系社区"（平衡态）；

10 级："居家也是抗疫，感谢您的配合"（柔性劝导）。

——写作者可根据事态严重性自由滑动选择，系统自动匹配相应措辞库。

1.3 格式难关：一份规范的公文该如何呈现？

"第九次了！到底哪里不对？！"某单位新入职的小吴盯着电脑屏幕，手指颤抖。眼前这份《关于老旧小区改造的请示》已经被退回 8 次——第一次因为标题没加"关于"，第二次落款日期用了"2024.6.1"而不是"2024 年 6 月 1 日"，第三次附件漏写"附件："……隔壁工位的王姐看不下去，递给他一杯奶茶："别折腾了，我给你看个神器。"

这份"血泪史"背后，是无数公文写作者的共同困惑：为什么连标点符号都要较真？那些看似死板的格式要求，真的有必要吗？今天，我们就用三组"车祸现场"对照"满分答卷"，揭秘公文格式的生存法则，并让你见识 DeepSeek 如何把格式难题变成"傻瓜操作"。

一、标题排版：从"找碴儿游戏"到"一键通关"

经典翻车现场：

某街道办小李起草《防汛工作会议安排》，被领导用红笔狂批：

✗ 错误 1：缺少"关于"→被批像"记事本"

✗ 错误 2：用了黑体→必须用"小标宋"

✗ 错误 3：标题带句号→直接踩中国标雷区

国标冷知识：

要素	标准要求	常见错误
标题结构	关于 + 事由 + 文种	漏写"关于""通知"
字体字号	小标宋二号	错用黑体 / 楷体
排版要求	居中排列，无标点	加句号 / 逗号

▍ DeepSeek 急救包

• 智能标题生成器：

输入"防汛会议"，自动输出《关于召开 2024 年防汛工作会议的通知》，字体字号自动适配，连"紧急""补充"等特殊标识都能智能添加。

• 错字猎人功能：

实时扫描标题，发现句号直接弹窗警告"国标规定标题禁止使用标点！建议立即删除"。

二、正文结构：从"排版噩梦"到"自动导航"

1. 正文的"格式地雷阵"

某局的小陈永远记得那次耻辱：在全区大会上，他负责的《年度工作报告》被投影到大屏幕时，全场哄笑——

✘ 一级标题用三号楷体（应为黑体）

✘ 正文行距撑到 32 磅（标准 28 磅）

✘ 页码从封面开始计数（应从正文起编）

领导当场黑脸："连格式都把控不住，怎么把控工作质量？！"

▋ DeepSeek 的"格式导航仪"

要素	传统模式痛点	DeepSeek 解决方案
字体字号	手动切换易出错	全文档自动锁定仿宋三号
段落行距	肉眼比对标尺线	智能适配 28 磅基准值
页码设置	封面/正文分不清	自动识别正文起始页
引用标注	方括号格式混乱	一键生成［2024］1 号标准

场景实测：

当小陈在 DeepSeek 输入"根据《×× 规定》"，系统自动弹出引用库——

☑ 自动匹配最新文件名称

☑ 精确标注发文字号

☑ 推荐插入位置："宜在段落首句引用"

2. 层级的"俄罗斯套娃"

某项目申报书要求"标题分层不超过三级"，但新手常犯这样的错误：

一、项目背景（一级标题）

（空两格）1.1 政策依据（二级标题）

（再空两格）①国家层面……（三级标题）

（继续空两格）A.具体条款……（四级标题→违规！）

结果被评审专家批注："请学习《党政机关公文格式》具体条款。"

■ DeepSeek 层级管家

• 智能层级检测：

自动标注超限标题，并推荐整改方案："检测到四级标题，建议合并至三级目录下。"

• 可视化导航树：

实时生成文档结构图，像地铁线路图般清晰展示层级关系：

▶一级标题（黑体三号）

　▷二级标题（楷体三号）

　　▶三级标题（仿宋三号加粗）

三、附件与落款：从"细节魔鬼"到"精准手术"

1. 附件的"消失魔法"

某单位发生过这样离谱的事件：

文件正文写"详见附件1"，但实际未上传附件；好不容易补上附件，又忘记写"附件：1.××实施方案"，最后被上级通报："工作态度不严谨。"

■ DeepSeek 防呆设计

步骤	传统风险	DeepSeek 保险机制
插入附件	容易漏传或错位	正文提及"附件"自动弹窗提醒
附件标注	序号与名称常不匹配	智能生成"附件：1.××实施方案"
附件排版	与正文格式割裂	自动继承正文格式并下移3行

操作彩蛋：

当用户上传 PDF 附件时，DeepSeek 自动提取关键信息，生成摘要，避免出现"见附件（但附件有 50 页，无人看）"的尴尬。

2. 落款的"时空穿越"

某单位曾因两个低级错误上了通报：

✘ 把成文日期写成"二〇二四年六月一日"（正确写法应为"2024 年 6 月 1 日"）

✘ 盖章位置偏移 3 厘米，导致公章压住正文

▎DeepSeek 落款机器人

• 日期智能转换：

输入"2024.6.1"自动纠正为"2024 年 6 月 1 日"。

• 盖章导航线：

在电子版显示虚拟定位框"请将公章盖入红色虚线内"。

• 骑缝章校准：

纸质文件扫描后，DeepSeek 自动检测骑缝章完整性，杜绝"缺角章"。

1.4 审核焦虑：如何减少反复修改的低效循环？

凌晨 2 点，某区教育局的小王瘫坐在办公椅上，屏幕上那份《校园安全整治方案》已经改到第九稿——科长要求"突出政治站位"，副局长强调"压缩经费"，法规科指出"引用条款过时"，财务处又批注"预算逻辑混乱"。最让他崩溃的是，整合完所有意见后，领导轻描淡写地说："还是用初稿框架吧。"

这不是小王一个人的困境。某省 2024 年政务报告显示，基层公文平均修改 5.8 次，重要文件甚至需要 20 轮审核。今天，我们就从 3 个让人血压飙升的"审核修罗场"切入，看看 DeepSeek 如何让文件修改从"无限死循环"变成"精准狙击战"。

一、流程困局：当审核变成"踢皮球大赛"

如果把公文审核比作闯关游戏，那么每一关的"终极怪物"都可能让你"一夜回到解放前"。

1. 多级审批的"传球游戏"

2023 年，某县乡村振兴局创下惊人纪录：一份《特色产业扶持办法》历经 12 个部门审核，批注多达 47 条。经办人小林发现：

- 农业农村局要求"增加合作社扶持条款"；
- 财政局反对"扩大补贴范围"；
- 审计局质疑"监管措施不足"。

——意见像打地鼠般此起彼伏，文件彻底卡死在流程中。

传统审核的"死亡循环"

环节	耗时	经典台词
部门初审	2 天	"这个数据应该他们处室提供。"
领导核稿	3 天	"站位不够高，重写。"
法规审查	1 天	"2018 年的条款早过期了。"
最终签发	1 天	"页码怎么从封面开始算了？"

DeepSeek 破局时刻——智能预审系统

● Step 1：一键上传文件

点击 DeepSeek 写作界面的"文件上传"按钮，上传待审文件。下达文件合规审查指令，系统自动解析文档结构，识别标题、正文、附件等模块。

● Step 2：风险扫描与预警

3 秒内生成检测报告：

• 政策雷：标红"依据《××条例（2018 版）》"，提示"该条例已于 2023 年废止，建议替换为《××条例（2023 版）》第 5 条"；

• 数据雷：用红色波浪线标出"预算总额 200 万元"，在实施方案中标出"设备采购需 300 万元"的矛盾项；

• 格式雷：弹出警告框"标题缺少'关于'，正文行距 29 磅（国标 28 磅）"。

● Step 3：智能修复建议

下达指令"一键修复"，系统自动完成以下操作：

☑ 替换过期法规条款；

☑ 调整行距至 28 磅；

☑ 补全标题为《关于特色产业扶持办法的通知》。

● Step 4：意见聚类管理

将 47 条意见智能分类：

• 必改项（红色标签）：如法规冲突、数据矛盾；

• 建议项（黄色标签）：如"增加案例说明"；

• 可忽略项（灰色标签）：如"标题字体不够大气"。

2. 批示的"左右互搏"

某街道办曾上演真实荒诞剧：

• 主任批注"突出党建引领，增加组织架构图"；

• 副主任批示"删除务虚内容，聚焦任务清单"。

——经办人小陈看着两份批示，感觉自己在解一道无解方程。

■ DeepSeek 的矛盾消解器

● Step 1：输入冲突批示

在 DeepSeek 的指令下达框内，粘贴两条批示，系统自动分析核心诉求：

• 主任需求：强化党建内容；

• 副主任需求：突出实操细节。

● Step 2：生成 AB 版本

点击"智能生成"，30 秒内输出：

• A 版（党建优先）：

▶插入三级党组织联动架构图

▶增加"党建引领乡村振兴"专题段落

• B 版（实操为王）：

▶列出 7 项任务清单及完成时限

▶附进度甘特图与责任人联系方式

● Step 3：领导决策与融合

将 AB 版发送给领导，领导勾选"融合版"后，系统自动：

☑ 保留党建架构图；

☑ 嵌入任务清单与甘特图；

☑ 调整措辞，平衡双方需求。

二、版本黑洞：当文件陷入"平行宇宙"

如果说多级审批是明枪，那么版本混乱就是暗箭——伤人于无形。

改稿的"时空错乱"

某市级单位曾闹出经典笑话：

• 科长电脑存的是"V3_修改版"；

• 副处长邮箱收到"V5_领导批注版"；

• 最终印发的却是"V2_原始版"。

——会上 3 个版本混用，领导当场摔文件："你们在玩'大家来找碴儿'吗？"

▌DeepSeek 的"时光机"功能

● Step 1：版本自动命名

每次修改保存时，系统自动生成版本号：

•20240615_1430_ 张科长批注版；

•20240616_0930_ 李处长签发版。

● Step 2：修改痕迹追踪

点击"历史记录"，可查看：

• 6 月 15 日 14：30，张科长删除"加大补贴力度"；

• 6 月 16 日 09：30，李处长增加"风险防控专章"。

● Step 3：差异对比可视化

选中两个版本，点击"对比模式"：

•左侧：法规科修改版（新增"监管措施"段落）；

•右侧：财务处调整版（删除超支的"宣传费用"条目）；

•中间：自动标红有差异的内容，显示"第 5 段'加强'改为'强化'"。

三、格式雷区：当标点符号成为"背锅侠"

最让审核者崩溃的，往往不是内容问题，而是那些"吹毛求疵"的格式错误。

格式的"死亡三连击"

某单位文件因格式问题被通报：

✗ 标题写成"安全整治通知"（缺"关于"）；

✗ 正文行距 29 磅（国标 28 磅）；

✗ 附件标注漏写"附件："。

——经办人哀叹："内容改了 8 遍，最后败给一个冒号。"

▌DeepSeek 格式保险箱

● Step 1：标题自动纠错

输入"安全整治通知"，系统自动完成以下操作：

☑ 补全标题为《关于开展校园安全整治工作的通知》；

☑ 自动应用"小标宋二号"字体。

● Step 2：全文格式锁定

启用"国标模式"后：

• 正文强制锁定为仿宋 GB2312 三号；

• 行距固定 28 磅，禁止随意调整；

• 页码从正文开始编号，封面不计入。

● Step 3：附件智能关联

当正文出现"详见附件 1"时：

☑ 自动插入"附件：1.校园安全隐患排查表"；

☑ 附件页沿用正文格式，下移 3 行排版。

1.5　心理负担：公文写作焦虑如何通过 DeepSeek 缓解？

凌晨 3 点，某街道办的小李盯着电脑屏幕，手指悬在键盘上迟迟按不下去。《老旧小区电梯加装方案》已经改了 11 稿，领导的批注像弹幕一样铺满文档："政治站位不够""数据支撑不足""格式不规范"……微信群突然弹出消息："明早 8 点必须上会！"他灌下第三杯咖啡，胃部隐隐作痛，脑海中闪过上周体检报告上的"焦虑状态"诊断。

这不是特例。某市 2024 年公务员心理健康调查报告显示，73% 的基层工作者因公文写作出现失眠、头痛等躯体化症状，61% 的人坦言"看到待办公文就心跳加速"。今天，我们就从 4 个最扎心的"焦虑现场"出发，看看 DeepSeek 如何成为公文写作者的"心理按摩师"。

一、时间暴君：当截止日期成为"催命符"

倒计时恐慌症

某区教育局的小赵永远记得那个"黑色星期五"：下午 5 点接到通知，要求次日早上 9 点前提交《暑期托管服务实施方案》。她翻遍电脑找不到模板，手忙脚乱拼凑的版本漏了关键数据，凌晨 2 点被领导打电话痛批："连经费预算表都没有，这方案你是在梦里写的吗？"

数据真相：

• 紧急公文占比达 32%，但 67% 的单位缺乏标准化应急模板库（某智库 2025 年调研）；

• 基层人员平均每月经历 3.2 次"通宵改稿"事件。

▎DeepSeek 的"时间减压舱"

● Step 1：紧急任务闪电启动

• 输入关键词"暑期托管""紧急"，系统自动激活红色预警模式；

• 3 秒调出同类型历史文件：《2023 年寒假托管方案》《课后服务应急预案》。

● Step 2：智能填充核心要素

• 自动关联教育局预算数据库，生成带公式的经费测算表；

• 插入标准化条款："根据《教育部办公厅关于做好中小学生课后服务工作的指导意见》。"

● Step 3：多渠道瞬时发布

• 一键生成 OA（办公自动化）文件、微信群公告、短信模板，提醒所有责任人确认接收。

——整个过程仅需 25 分钟，比传统模式提速 8 倍。

二、格式恐惧：当标点符号变成"高压线"

强迫检查综合征

某单位的小王因格式错误被通报批评后，患上"文档恐惧症"——每次提交前都要反复检查十几次：

• 标题是否带"关于"；

• 页码是否从正文开始；

• 附件标注是否规范。

最严重时，他甚至在梦里都在数行距磅数。

■ DeepSeek 的"格式定心丸"

焦虑源	DeepSeek 解决方案	效果
标题结构错误	输入关键词自动补全规范标题	错误率降为 0%
行距字号混乱	强制锁定国标参数	解放双眼，无需标尺测量
附件漏标	正文提及附件时自动生成标注	告别"幽灵附件"焦虑

操作实录：

输入指令："文件要符合国家公文格式要求，具体要求如……"系统自动完成：

☑ 标题转为"关于××工作的通知"（小标宋二号）；

☑ 正文统一仿宋 GB2312 三号，行距 28 磅；

☑ 附件页自动下移 3 行，带"附件：1.××表格"标准标注。

三、修改 PTSD（创伤后应激障碍）：当批注变成"心理阴影"

批注创伤后遗症

某局办公室老张的手机铃声成了同事们的笑谈——每当听到微信提示音，他就会条件反射般跳起来："是不是文件又被退回了？"这份焦虑源于去年的惨痛经历：某份文件被不同领导反复修改，最终版本竟与初稿相差87%。

▍DeepSeek 的"修改减震器"

● Step 1：智能意见聚类

• 将23条批注自动归类为：

▶ 必改项（5条）：如"引用2021年已废止条款"；

▶ 建议项（12条）：如"增加案例图示"；

▶ 可忽略项（6条）：如"标题字体不够大气"。

● Step 2：版本对比可视化

• 开启"时光机"功能，拖动滑块查看每个修改节点：

▶ 6月1日09：00 王处长增加"风险评估章节"；

▶ 6月1日15：30 李科长删除"社区联动条款"。

● Step 3：修改影响评估

• 系统提示："当前版本与初稿相似度仅为43%，建议回溯V3版框架。"

——这让老张在15分钟内就找回了被删减的重要内容，避免了推倒重来的噩梦。

四、沟通噩梦：当协作变成"心理战"

电话恐惧症

某跨部门项目经办人小刘，最怕听到的话是："这个数据应该他们部门提供。"每次沟通都像打游击战：

• 打给A部门："数据在B处。"

• 转接B处："这事归C科管。"

• 联系C科："我们只负责汇总。"

——某次为了确认一个数据,她打了 9 个电话,耗费 3 小时,最终发现数据源竟是过期的 Excel 表。

▌DeepSeek 的"协作镇静剂"

功能全景图

焦虑场景	传统模式痛点	DeepSeek 解决方案
责任归属不清	部门间互相推诿	"责任地图"自动关联对接人
数据版本混乱	多人修改不同步	在线协同编辑 + 修改留痕
历史文件丢失	翻箱倒柜找资料	语义搜索 3 秒定位文件

实战案例:(后续章节中将详细介绍如何利用 DeepSeek 完成智能化配套)当小刘需要协调老旧小区改造数据时:

1.打开"责任地图",输入项目名称,系统显示:

• 住建局:张科长(审批标准);

• 财政局:李主任(预算核定);

• 街道办:王干事(居民数据)。

2.发起在线协同编辑,三方实时批注:

• 财政局插入带公式的预算模板;

• 街道办上传居民意见调研表;

• 住建局批注"第 3 条标准参照 2024 年新规调整"。

3.系统自动生成沟通记录,谁在何时提供何数据一目了然。

通知/公告——DeepSeek 分场景应急指南

深夜改通知被退回 3 次？暴雨应急通告不会写？跨部门通知总漏重点？这些痛点本章统统帮你解决！本章聚焦通知公告场景，手把手教你用 DeepSeek 实现公文写作"急救"，包括：政府工作部署的标准化模板生成，突发停电 5 分钟速成应急方案，招标文件自动规避法律风险，跨部门通知的"8 版本精准推送术"。通过真实案例拆解，你将掌握智能写作三阶法——场景建模匹配需求、结构化填充提效率、实时校验保合规。学完本章，通知公告写作不再是熬夜改格式的苦差，而是精准传达、高效执行的利器，你将从"救火队员"变身"公文指挥官"。

2.1 行政通知：DeepSeek 生成政府工作部署模板

"怎么又被退回了？"某街道办的小张盯着 OA 系统的驳回提示，手心沁出冷汗。这份《防汛应急演练通知》的格式存在诸多问题：

✘ 标题用黑体（国家标准为 2 号小标宋体字）

✘ 正文行距 29 磅（国家标准为 28 磅）

✘ 附件页码从封面开始计数

最扎心的是，"联系人"一栏还写着已退休的王主任的名字。此时距离防汛应急演练仅剩 3 小时，微信群里消息爆炸——各社区都在催通知。

这不是个例。某市《2024 年政务数字化报告》显示：基层人员报送的文件有 65% 因格式问题被退回，其中"标题结构错误""正文结构错误""附件标注缺失"位列格式问题高频雷区前三。现在，我们将通过真实操作演示，揭秘如何使用 DeepSeek 摆脱"格式焦虑"，实现"秒级通关"。

一、模板生成

公文写作最怕的不是写内容，而是找模板——你永远不知道去年的文件藏在哪个命名为"最终版（千万别删）（再改是小狗）"这样的文件夹里。

小白痛点：

某社区干事小王需要起草《关于开展 ×× 小区加装电梯意见征集的通知》，在电脑里搜索"电梯""通知"等关键词，结果弹出：

2019 年《电梯故障维修通知》

2022 年《电梯安全检查方案》

2023 年《电动自行车禁入电梯倡议书》

——没有一份能直接使用。

▎DeepSeek 解法：

1. 模糊指令输入（支持语音）

在写作界面输入："发个通知，征集老旧小区加装电梯的意见，要带调研表和流程图。"

2. 系统响应

✓ 0.5 秒内推送 2024 年最新模板《关于开展 ×× 小区加装电梯意见征集的通知》

✓ 自动挂载附件：

加装电梯意向调研表（带电子签名功能）

《加装电梯流程示意图》（关联住建局审批节点）

操作实录：

输入指令后，系统生成以下框架：

> 标题：《关于开展 ×× 小区加装电梯意见征集的通知》
> 正文：
> 一、征集时间：2024 年 6 月 25 日—7 月 5 日
> 二、参与方式：线上填写调研表（附件 1）/线下社区登记
> 三、咨询电话：街道办张科长 138-××××-××××
> 附件：
> 1. 加装电梯意向调研表
> 2.《加装电梯流程示意图》

智能写作流程（结合思维导图功能）

● Step 1：启动框架生成

输入指令：/mind 春节假期值班通知需包含：值班补贴标准、紧急联系人

▶ 系统自动生成：

· 核心节点：2024 年春节值班安排

· 值班时段：2 月 9 日至 15 日（标红法定节假日）

· 补贴规则：三倍工资计算说明（含个税扣除公式）

· 应急流程：突发情况上报路径（附联系人树状图）

● Step 2：敏感信息处理

使用 /hide 指令隐去敏感字段：

值班表详见附件 1（需权限访问）

→ 导出时自动加密附件访问权限

● **Step 3：风险扫描**

执行/check指令审查通知合规性：

■ 法律风险：值班补贴标准未引自最新劳动法

■ 格式风险：文件编号缺失（自动补全DSXZ［2024］003）

■ 执行漏洞：未设置AB岗替代机制（建议补充）

DeepSeek输出：

春节假期值班通知

致全体员工：

　　为确保春节期间公司各项事务平稳运行，保障紧急事件得到及时处理，现将2024年春节假期值班安排及相关事项通知如下：

一、值班时间

2024年2月9日（除夕）至2月15日（正月初六）

每日值班时段：

白班：08：30—17：30

夜班：17：30—次日08：30（如需安排）

二、值班补贴标准

1.值班津贴：

白班：300元/天

夜班：500元/天

法定节假日（除夕至正月初二）：额外补贴200元/天。

2.发放方式：补贴随次月工资一并发放，需提供完整值班记录。

3.调休安排：值班人员可申请节后调休1天/班次，需提前向部门主管报备。

三、值班职责

1.定时巡查办公区域、设备及系统运行状态。

2.接听值班电话，处理紧急事务并做好记录。

3.遇重大突发事件，立即上报并启动应急预案。

4.值班结束后填写《值班日志》，并发送至行政事务部邮箱。

四、紧急联系人

1.行政总值班：张某某138-××××-××××

2. IT 技术支持：李某某 159-××××-××××

3. 安保负责人：王某某 177-××××-××××

4. 突发事件总指挥：赵总 186-××××-××××

五、注意事项

1. 值班人员需提前 15 分钟到岗交接，不得擅自离岗。

2. 如遇特殊情况需调整班次，须提前 48 小时向行政事务部申请。

3. 值班期间保持手机畅通，严禁饮酒或从事与工作无关的事项。

请各部门负责人于 2 月 5 日前确认值班名单并提交行政事务部备案。

感谢各位同事的理解与配合！预祝大家新春快乐，阖家幸福！

附件：

1. 2024 年春节值班安排表

2.《值班日志模板》

3.《应急预案流程》

行政事务部

2024 年 1 月 30 日

（盖章处）

二、操作流程

场景设定

需求：广州市××区应急管理局需发布《关于组织开展 2024 年第三季度消防安全专项检查的通知》，主送各街道办事处、物业服务企业、区属重点单位，要求 9 月 30 日前完成隐患排查并建立整改台账。

● **Step 1：初始化生成**

用户指令：

"生成《关于组织开展 2024 年第三季度消防安全专项检查的通知》框架，主送单位为各街道办事处、物业服务企业、区属重点单位，需要包含：检查时间、责任分工、整改要求三部分，以最新的《广东省安全生产条例》作为依据。"

DeepSeek 输出：

关于组织开展 2024 年第三季度消防安全专项检查的通知

各街道办事处，各物业服务企业，区属重点单位：

为贯彻落实《广东省安全生产条例》（2023 年修订）相关要求，切实加强夏季火灾防控工作，现将专项检查有关事项通知如下：

一、检查时间

2024 年 8 月 25 日至 9 月 30 日

二、责任分工

（一）各街道办负责统筹辖区检查工作

（二）物业服务企业落实住宅小区隐患排查

（三）重点单位开展消防安全自查自纠

三、整改要求

1. 建立隐患清单和整改台账

2. 9 月 30 日前完成整改闭环

广州市××区应急管理局
2024 年 8 月 20 日

● **Step 2：细化背景与条款**

用户指令：

"扩展发文背景，加入近期全区火灾事故统计数据。将整改要求拆分为具体措施，补充'智能烟感探测器安装率100%''消防通道画线标识'两项硬性指标，增加监督问责条款。"

DeepSeek 输出：

（接上文）

据消防部门统计，2024 年 1—7 月全区共接报火灾警情 127 起，其中电动车违规充电引发火灾占比 43%。为深刻吸取事故教训，经区安委会研究决定……

三、具体措施

（一）设施配置

1. 9 月 15 日前完成所有住宅小区消防通道画线标识

2. 智能烟感探测器安装率须达100%

（二）隐患整改

1. 建立"一企一册"隐患台账（模板见附件1）

2. 实行整改销号管理，9月30日前整改率不低于95%

四、监督问责

1. 实行周通报制度（每周五17时前报送进度）

2. 对整改率低于90%的单位进行警示约谈

3. 发现弄虚作假的依法依规追责

● Step 3：补充执行细节

用户指令：

"添加检查重点清单，包含五类场所：①商业综合体；②老旧小区；③仓储物流园区；④学校和医院；⑤电动自行车集中停放点。补充联系人信息：王刚，020-8888××××，区应急管理局防火监督科。"

DeepSeek输出：

二、检查重点

对以下五类场所实施全覆盖检查：

1. 商业综合体（含地下空间）

2. 2000年前建成的老旧小区

3. 仓储物流园区

4. 学校、医院等人员密集场所

5. 电动自行车集中停放充电场所

五、联系方式

联系人：王刚（区应急管理局防火监督科）

联系电话：020-8888××××/138-××××-××××

电子邮箱：ajj_fhk@gz.gov.cn

● Step 4：格式审查

用户指令：

"进行公文格式审查：检查标题字号是否为小标宋二号，正文仿宋三号，行间距28磅，页码格式是否正确，落款日期是否右对齐。"

DeepSeek 输出：

【格式审查报告】

✓ 标题：方正小标宋简体二号（检测通过）；

✓ 正文：仿宋 GB2312 三号（建议统一使用 GB18030 标准字体）；

✓ 行距：实测 28.35 磅（符合 28±1 磅公差要求）；

✓ 页码："-1-"格式未检测到，需插入页脚；

✓ 落款：日期右对齐偏移 2 个字符（建议调整至距右边界 7.5cm）。

【自动修正建议】

1. 插入规范页码："-1-"（宋体四号）；

2. 调整版记：添加"（此件公开发布）"；

3. 插入附件：添加"附件：《消防安全隐患台账模板》"。

● Step 5：最终调整

用户指令：

"按审查建议插入页码和附件，日期右移 2 个字符，将'整改率不低于 95%'改为'100%'，增加'本通知自印发之日起施行'。"

DeepSeek 输出：

关于组织开展 2024 年第三季度消防安全专项检查的通知

（方正小标宋简体二号，居中）

各街道办事处，各物业服务企业，区属重点单位：

…………

附件：

《消防安全隐患台账模板》

广州市××区应急管理局

2024 年 8 月 20 日

（右对齐，距右侧页边距 7.5cm）

（此件公开发布）

-1-（页面底端居中，宋体四号）

2.2 紧急通告：暴雨／停电时5分钟生成响应方案

"雨太大了！地下车库进水了，物业群里的通知还是三年前的模板！"晚上10点，某小区业委会老李浑身湿透，对着手机吼叫。他翻出《防汛应急预案》，发现关键信息全是空白的：

✘ 应急物资清单上写着"沙袋若干"（实际库存为0）

✘ 联系人是已离职的前物业经理

✘ 处置流程图缺失排水泵操作步骤

某市2023年暴雨灾害报告显示：

1.78%的社区应急预案未及时更新；

2.43%的停电故障因通告未明确抢修优先级引发二次事故。

DeepSeek解法核心：

1.实时生成：基于输入数据快速输出定制化方案（如气象预警、历史隐患点）；

2.动态更新：自动替换过期信息（如联系人、物资清单）；

3.多端适配：一键生成微信群公告、打印版操作卡等格式。

一、暴雨应急（紧急通告）

▍DeepSeek操作流程

● Step 1：数据驱动生成

用户指令：

"生成暴雨红色预警应急通告，需包含：当前积水点位、物资分发流程、居民撤离路线，标注社区已知隐患区域（如危墙、易积水车库）。"

DeepSeek输出：

【××社区暴雨应急通告】

☐ 紧急！暴雨红色预警生效中（截至22：30）

▍当前风险点：

①南门地下车库（2023年曾积水1.2米，建议封闭）

②3号楼配电房（2024年检修记录显示防渗漏不合格）

③东侧围墙（2024年安全鉴定为D级危墙，禁止靠近）

■ 物资领取：

时间：即刻起至23：00

地点：社区党群服务中心（导航链接）

可用物资：沙袋82个、救生衣30件、手电筒50支

规则：每户限领沙袋2个，低楼层优先（系统自动标记1—3层住户）

■ 撤离路线：

1—3号楼→西门主干道至第二小学（避开危墙）

4—6号楼→社区医院临时避险点（需志愿者引导）

● Step 2：风险扫描与补漏（真实功能演示）

用户指令：

"检查方案矛盾点：沙袋数量是否足够？撤离路线是否避开危墙？"

DeepSeek输出：

【风险审查报告】

关键问题：

沙袋需求：低楼层62户×2个=124个，库存仅82个→缺口42个

原撤离路线经过危墙（已根据指令自动修正）

✓ 优化建议：

1. 应急采购：联系社区备案供应商（××五金店，电话138-××××-××××）；

2. 志愿者分工：安排10人优先搬运沙袋至1—3号楼单元门口。

● Step 3：多形式推送

DeepSeek输出：

微信群公告模板：

【紧急！暴雨应对指南】

1. 地库已封闭，车辆请勿进入。

2. 沙袋在党群中心发放，低楼层优先。

3. 撤离路线见下图。

值班电话：138-××××-××××（王主任）

打印版操作卡：

（内容：物资点照片＋手写体注意事项，支持导出PDF直接打印）

二、停电处置

▌ DeepSeek 操作流程

● Step 1：故障定位与通告生成

用户指令：

"生成片区停电应急通告，需包含：受影响楼栋列表、预估恢复时间、临时充电点，注明电梯困人急救流程。"

DeepSeek 输出：

【××街道突发停电通告】

¤故障通报：

时间：8月15日19:20

原因：中山路变电站过载跳闸（根据供电局通报）

受影响楼栋：1—6号楼（点击查看户号明细）

□ 恢复进度：

19:30 抢修队已出发（实时更新倒计时）

预计全恢复时间：8月15日22:00前（每30分钟刷新进度）

□ 应急服务：

手机充电：社区便利店（免费，限30分钟/人）

电梯困人：立即拨打××××-××××××（已接通备用电源）

药品冷藏：社区卫生站提供冰柜寄存

● Step 2：重点人群保障

用户指令：

"关联社区登记的特殊人群数据，生成保障清单：独居老人送餐、呼吸机用户转移。"

DeepSeek 输出：

【重点人群保障表】

✓ 已标记需救助住户：

2-301 王奶奶（独居）→志愿者送餐（菜单：粥＋鸡蛋）

5-202 李叔叔（依赖呼吸机）→转移至社区医院（床位已预留）

6-1102 新生儿家庭→提供充电宝＋小型冰箱

三、企业级应急

场景：机房断电数据抢救

用户指令：

"生成《IT 机房断电应急预案》，需包含：UPS 续航时间、核心数据备份路径、客户通知话术。"

DeepSeek 输出：

IT 应急三步走

1. 立即检查

不间断电源（UPS）剩余电量：45 分钟（预估）

核心服务器状态：在线（列表见附件 1）

2. 数据备份

优先备份：客户数据库（路径：\\192.168.1.100\backup）

紧急操作：手动导出未保存文件（教程链接）

3. 客户通知

话术模板：

"尊敬的客户：因电力故障，系统可能短暂中断，预计恢复时间××：××。如有紧急需求请联系×××。"

四、案例实操：暴雨灾后理赔通知全流程生成

● Step 1：启动灾损登记模板

用户指令：

生成"暴雨灾后损失登记表"。要求：

1. 支持拍照上传损坏物品；

2. 自动识别车辆泡水等级（轻度/中度/重度）；

3. 关联合作维修厂商报价库；

4. 符合政府救灾补贴申请格式。

DeepSeek 输出：

以下是"暴雨灾后损失登记表"的设计框架及功能实现方案，兼顾实用性与技术要求：

暴雨灾后损失登记表

一、基础信息

字段名称	填写说明
受灾人姓名	需与身份证一致
联系方式	手机/固话
家庭住址	精确到门牌号
身份证号	附身份证正反面拍照上传按钮
受灾时间	精确到小时

二、损失物品登记

物品名称	数量	购买时间	购买凭证（上传按钮）	损坏照片（上传按钮）	预估损失金额	备注
（支持动态添加多行）						

技术实现：

1. **拍照上传**：集成OCR识别（如发票/凭证自动提取信息）和云端存储；
2. **AI分类标注**：通过图像识别自动分类物品（如家电、家具等），减少人工输入。

三、车辆损失专项登记

车牌号	车辆型号	泡水照片（上传按钮）	系统自动识别泡水等级	预估维修费用（关联报价库）
			（轻度/中度/重度）	自动匹配合作厂商报价

技术实现：

1. **泡水等级识别**：接入AI图像分析模型（如基于水痕位置、内饰受损程度判断等级）；
2. **维修报价匹配**：对接合作厂商API，按车型和损坏等级实时返回报价。

四、维修与补贴关联

选择维修厂商（下拉列表）	厂商联系方式	系统推荐报价	政府补贴预审结果	自费金额
（从合作厂商库调取）	自动填充	自动填充	（待审核/通过）	自动计算

技术实现：

1. **厂商报价库**：维护动态更新的合作厂商数据库（含资质审核）；

> 2. **补贴预审**：嵌入政府补贴规则引擎（如自动校验金额是否符合标准）。
>
> **五、政府救灾补贴申请模块**
>
> 1. **申请声明**：勾选承诺信息真实性；
> 2. **材料清单**：自动生成需提交的扫描件列表（如身份证、产权证明、损失照片等）；
> 3. **电子签名**：支持手写签名或数字证书；
> 4. **一键导出**：生成符合"XX省灾害救助申请表"格式的PDF文件。
>
> **系统架构建议**
>
> 1. **前端**：微信小程序/H5页面（便于手机拍照上传）；
> 2. **后端**：
>   - 图像识别：阿里云视觉智能/腾讯云AI；
>   - 数据对接：政务云平台（补贴标准）、维修厂商ERP系统；
> 3. **安全**：数据加密传输、隐私信息脱敏处理。
>
> 此设计可实现灾后登记的数字化、自动化处理，同时降低人工审核成本，加快政府救灾效率。如需进一步开发，需与政府数据平台及维修服务商签订接口协议。

● Step 2：居民填报数据实录

居民张某某操作：

1. 拍摄泡水车辆照片上传→AI自动标注"水位线达座椅，损伤等级：中度"；

2. 勾选损失类型：房屋渗漏、家电损坏；

3. 输入购买年份：2020年。

系统自动填充：

维修估价：

车辆维修：¥12800（合作厂商：××汽修，点击预约）；

墙面补漏：¥320/m²（参考住建局指导价）。

补贴资格：

符合《2024年自然灾害救助标准》第5条（补贴上限¥5000）。

● Step 3：生成保险理赔文档

用户指令：

"将张某某的损失数据转换为平安保险理赔申请，需包含：现场照片、维修报价单、物业责任书，按平安保险2024版模板生成。"

DeepSeek 输出：

机动车损失保险索赔申请书

（标题：方正小标宋简体二号，居中）

一、基本信息

被保险人：张某某

车牌号：粤A×××××

出险时间：2024 年 8 月 20 日 14：25

二、损失描述

1. 车辆泡水（附 AI 检测报告）

水位高度：座椅底面

损伤等级：中度

维修方案：发动机养护＋内饰烘干

2. 房屋渗漏

位置：主卧东墙

面积：2.3 m²（附物业验收照片）

三、材料清单

1. 现场照片（带 GPS 定位水印）

2. ×× 汽修厂报价单（盖章扫描件）

3. 社区灾害证明（点击下载模板）

四、申请人声明

本人承诺上述内容真实有效，如有不实愿承担法律责任。

申请人签字：＿＿＿＿＿＿

日期：2024 年 8 月 21 日

（正文：仿宋 GB2312 三号，行距 28 磅；页码格式：-1-）

● **Step 4：政府补贴并联申请**

用户指令：

"同步生成'自然灾害救助金申请表'，关联民政部全国救助系统接口，自动填入身份证、银行卡信息。"

DeepSeek 输出：

【×× 市自然灾害生活救助申请表】

（标题：方正小标宋简体二号，居中）

姓名：张某某

受灾地址：××社区6栋202

损失类型：✓房屋 ✓财产

系统预填数据：

身份证号：4401×××××××××××（脱敏显示）

银行账号：××××××××（自动关联社保卡）

需补充材料：

1. 户口本首页复印件

2.《损失情况确认书》（需社区盖章）

（注：表格自动生成二维码，扫码直通政务平台）

2.3　招标公告：DeepSeek 自动嵌入法律合规条款

"王主任，咱们的招标文件又被退回了！"某国企采购部的小刘盯着电脑屏幕上的驳回通知，额头直冒冷汗。这次的问题出在一条看似普通的条款上。

✘ 原文：

"投标方需承诺三年内无行政处罚记录。"

→监管反馈：

"违反《中华人民共和国招标投标法实施条例》。"

类似情况屡见不鲜。某市 2024 年招标审计报告显示，61% 的招标公告存在法律漏洞，常见雷区包括：

1. 资质要求与项目实际不匹配（如要求"一级资质"，但项目只需三级）；

2. 付款条款违反《保障中小企业款项支付条例》；

3. 验收标准表述模糊，引发纠纷。

DeepSeek 解法核心：

1. 条款自检：自动扫描法律冲突点；

2. 合规适配：按项目类型嵌入标准条款库；

3. 风险预警：提示高频违规词及给出替代方案。

一、基础功能：从"人工查法条"到"AI 法律盾"

场景设定

某学校需发布《食堂食材采购招标公告》，预算 80 万元，要求：

1. 供应商具备食品经营许可证；

2. 接受月度结算付款；

3. 提供食品安全责任险。

● Step 1：**智能生成招标框架**

用户指令：

"生成食堂食材采购招标公告框架，包含资质要求、付款方式、验收标准，自动引用《中华人民共和国食品安全法》相关条款。"

DeepSeek 输出：

食堂食材采购招标公告

一、招标项目概况

1. 项目名称：××单位20××年度食堂食材集中采购

2. 采购内容：

生鲜类：肉类、蔬菜、水产等（附详细品类清单）

预包装食品：米面粮油、调味品等

3. 服务周期：20××年×月×日—20××年×月×日

4. 招标方联系人：×××（电话/邮箱）

二、投标人资质要求

资质类型	具体要求	关联法规
基础资质	①执有效期内的营业执照、食品经营许可证 ②肉类/乳制品供应商需提供动物检疫合格证明	《中华人民共和国食品安全法》第三十五条
能力证明	①ISO22000或HACCP食品安全管理体系认证优先 ②近3年无食品安全行政处罚记录（附"信用中国"网站查询截图）	《中华人民共和国食品安全法》第四十七条
质量保障	提供第三方机构出具的年度产品检测报告 冷链运输车辆GPS监控接入招标方系统	《中华人民共和国食品安全法》第五十四条

三、采购技术要求

1. 食品质量标准

生鲜类：符合GB 2707/GB 2762等国家标准，农药残留、兽药残留检测达标。

预包装食品：SC认证，标签符合GB 7718规定。

智能提示：点击查看《中华人民共和国食品安全法》第六十七条（标签规范条款）。

2. 供货要求

响应时效：订单下达后2小时内送达。

温度控制：冷冻食品≤-18℃；冷藏食品0—4℃（需提供运输温度记录）。

四、验收与付款方式

1. 验收标准

项目	标准	处置规则
感官检测	无腐败变质、异味异物	当场拒收
理化检测	每批次抽检 5%—10%，委托第三方实验室检测	不合格则终止合同
票据核验	随货附带当批次检验合格证、进货票据	缺件则暂停付款

法律依据：《中华人民共和国食品安全法》第五十三条（进货查验制度）

2. 付款方式

合同签订后支付 30% 预付款；

月度验收合格后支付 65%；

5% 作为质保金，服务期满后结算；

付款凭证：需开具增值税专用发票。

五、投标文件组成

1. 法定代表人签署的《投标承诺书》（含食品安全责任条款）

2. 资质证明文件扫描件（自动校验有效期）

3. 产品报价单（区分常规/应急供应价格）

4. 供货服务方案（含应急预案）

六、评标与签约

1. 评标方法

价格分（40%）：低于市场均价 5%—10% 得满分

质量分（30%）：检测报告齐全性＋认证等级

服务分（30%）：配送时效、退换货响应速度

2. 合同签订：中标后 3 个工作日内签署《食品采购安全责任协议》

七、智能法律助手

系统自动嵌入《中华人民共和国食品安全法》关键条款：

▶第三十三条（食品生产经营要求）

▶第五十条（进货查验记录制度）

▶第六十条（抽检监测规定）

投标文件提交时自动校验法律合规性

公告发布渠道：××政府采购网、国家企业信用信息公示系统

投标截止时间：20××年×月×日 17：00（逾期系统自动拒收）

● Step 2：法律冲突扫描

用户指令：

"检查资质要求是否限制中小企业参与，验收条款是否超出国标强制范围。"

DeepSeek 输出：

【法律风险报告】

高风险项：

1. "近三年无事故记录"可能误伤新成立企业。

→建议修改为"无正在执行的食品安全行政处罚"。

2. 蔬菜农残检测频次未明确（易引发争议）。

→补充："每批次检测，留样不少于200g"。

☑ 优化版本：

资质要求：成立满1年且当前无食品安全行政处罚。

验收标准：每批次蔬菜抽检农残，留样200g备查。

● Step 3：合规条款库调用

功能演示：

输入"插入政府采购标准条款包"→自动添加：

公平竞争声明：

"本项目不限定投标人所有制形式、规模，不得设置地域限制。"（引自《中华人民共和国政府采购法》第二十二条）

质疑处理流程：

"投标人如对招标文件有异议，应在公示期内以书面形式提交……"（模板来自财政部令第87号）

二、进阶实操：定制化条款设计

场景1：工程招标"防围标陷阱"

用户指令：

生成老旧小区改造工程招标公告，要求：

1. 自动关联《建筑工程施工许可管理办法》；

2. 嵌入围标串标举报条款；

3. 设置阶梯式违约金（延期每日 0.1%，最高 5%）。

DeepSeek 输出：

《××小区改造工程招标公告》（节选）

八、违约责任

延期交付违约金＝合同价×0.1%/天（上限 5%，依据《中华人民共和国民法典》第 585 条）

发现围标行为立即取消资格，并报住建部门处理（举报电话：12345）

智能提示：

"检测到违约金上限超过《招标投标法实施条例》建议值（3%），是否调整？"

场景 2：服务招标"隐形歧视排除"

用户痛点：

某街道办公开招标保洁服务，因条款中"需配备 10 名以上本科人员"被投诉学历歧视。

DeepSeek 解法核心：

输入"检查歧视性条款"→系统提示：

违规词："本科以上"违反《中华人民共和国就业促进法》第二十六条

☑ 替换建议："具备相关职业技能证书"

三、风险防控：从"事后补救"到"事前免疫"

● **Step 4：敏感词实时监测**

功能演示：

输入招标公告草稿→自动标记：

1. 禁用表述：

"限本地企业"（违反《中华人民共和国反不正当竞争法》）

"需指定品牌"（除非列入《政府采购进口产品目录》）

2. 合规替代：

"鼓励本地企业参与"

"参考型号：××型（同性能产品可替代）"

● Step 5：法律依据溯源

用户指令：

"在公告末尾添加法律依据索引，超链接至司法部官网条文。"

DeepSeek 输出：

【法律依据】

1.《中华人民共和国招标投标法》（点击查看全文）

2.《政府采购货物和服务招标投标管理办法》（财政部令第 87 号）

3.《保障中小企业款项支付条例》（国务院令第 728 号）

（因篇幅限制，电子签章合规性、跨境招标特殊条款处理等进阶场景及总结见下文。）

四、电子招标：从"人工跑腿"到"链上存证"

● Step 6：区块链存证

用户指令：

"在招标文件中添加区块链指纹，确保公告发布、投标、评标全流程不可篡改。"

DeepSeek 输出：

生成唯一 HASH 值：$0 \times 7d3f...a1b2$

存证平台：司法链 / 公证云（可选）

扫码验证入口：http://verify.deepseek.com/××××

2.4　跨部门通知：DeepSeek 生成 8 版本精准推送

"李科长，环保局要加'垃圾分类督查'，城管局要删'占道经营整治'，卫健委又要求突出'病媒生物防制'……这通知到底怎么发？"某市创建办的科员小周盯着电脑上的 7 份修改意见，文档批注密密麻麻像蜘蛛网。更令他崩溃的是，领导临时通知："明天上午 8 点前必须发到 8 个部门！"

这不是特例。某省 2024 年政务协同报告显示：72% 的跨部门通知需修改 3 次以上才达标。

常见冲突点：

✘ 表述差异：A 部门要求"立即整改"，B 部门坚持"限期整改"。

✘ 数据矛盾：经信局统计企业数为 500 家，市场监管局登记为 632 家。

✘ 格式混乱：同一文件在各部门 OA 系统显示字体、页码不一致。

DeepSeek 解法核心：

1. 智能分版：根据部门职责自动生成定制内容；
2. 数据同步：确保核心信息（如时间、政策依据）全局统一；
3. 格式锁死：强制符合《党政机关公文格式》（GB/T 9704—2012）。

一、模板生成：从"人工拼贴"到"AI 分装"

场景设定

某市需发布《夏季安全生产联合检查通知》，主送 8 个部门：

应急管理局：重点查危化品

住建局：聚焦工地高空作业

市场监管局：紧盯特种设备

卫健委：负责职业病防护检查

……

▍DeepSeek 操作流程

● Step 1：统一框架生成

用户指令：

"生成夏季安全生产联合检查通知基础版，包含：检查时间（7月1日—30日）、牵头单位（市安委办）、整改要求（8月10日前闭环），引用《中华人民共和国安全生产法》第三十八条。"

DeepSeek输出：

夏季安全生产联合检查通知

××市安全生产委员会办公室文件

××安委办〔2024〕××号

关于开展2024年夏季安全生产联合检查的通知

各区（县）政府、各相关部门、重点企业：

为深入贯彻落实《中华人民共和国安全生产法》要求，防范夏季高温、汛期等季节性安全风险，根据市安委会统一部署，决定开展全市夏季安全生产联合检查。具体事项通知如下：

一、检查安排

1. 时间：2024年7月1日至7月30日

2. 牵头单位：市安全生产委员会办公室

3. 参与单位：市应急管理局、市消防支队、市市场监管局、市住建局等

4. 检查方式：现场检查＋台账查阅＋随机抽查

二、检查重点内容

1. 危险化学品：防爆、防泄漏、防高温措施落实情况；

2. 建筑施工：高空作业防坠落、临时用电安全；

3. 燃气安全：餐饮场所燃气报警器安装及管线合规性；

4. 有限空间作业：通风检测、警示标识、应急装备配备；

5. 防暑降温：高温岗位轮岗、急救药品配备。

法律依据：《中华人民共和国安全生产法》第三十八条

（生产经营单位应建立隐患排查治理制度，及时消除事故隐患）

三、整改要求

1. 限期整改：发现问题当场下达《责令整改通知书》，8月10日前完成整改闭环并提交书面报告；

2. 责任落实：企业主要负责人为第一责任人，未按期整改的依法实施行

政处罚；

3. 验收流程：区级部门初验→市级联合复验→整改结果公示。

四、工作要求

1. 强化协同：各参与单位每日16：00前汇总检查数据至市安委办；

2. 严格执法：对重大隐患挂牌督办，拒不整改的纳入安全生产"黑名单"；

3. 信息报送：7月31日前提交检查总结至市安委办邮箱（anweiban@××.gov.cn）。

联系人：张××，联系电话：×××-×××××××××

附件：

夏季安全生产检查重点领域清单（附后）

××市安全生产委员会办公室

2024年××月××日

说明：

本通知通过电子政务平台同步推送至各相关单位；

整改闭环标准参照《安全生产事故隐患排查治理暂行规定》（安监总局令第16号）。

● **Step 2：部门定制化指令**

用户操作：

勾选"应急管理局版本"→输入："突出危化品储罐温度监测、防雷设施检测"。

勾选"住建局版本"→输入："增加塔吊倾斜度预警、工人防暑物资检查"。

DeepSeek输出：

☑ 应急管理局专版新增：

重点检查项：

①危化品储罐实时温度记录（需连接物联网监测系统）；

②防雷接地电阻值≤4Ω（检测报告需附二维码）。

☑ 住建局专版新增：

特殊要求：

①塔吊倾斜度超 0.5% 立即停用；

②高温日 10：00—15：00 停止露天作业。

● Step 3：冲突扫描与自动调和

用户指令：

"检查各部门版本中'整改期限'表述是否一致，合并重复检查项。"

DeepSeek 输出：

【冲突检测报告】

☑ 表述差异：

卫健委版："整改期限 15 个工作日"；

消防支队版："整改期限 10 个自然日"；

自动统一为："8 月 10 日前完成整改（系统换算剩余天数）"。

☑ 重复项合并：

"劳动防护用品检查"在 4 个版本重复出现→合并至基础版。

二、精准推送：从"群发轰炸"到"靶向投喂"

1. 权限分级控制

处长版：含完整整改数据及责任人联系方式

科员版：隐去敏感信息，仅保留操作指南

2. 多端适配

OA 系统版：带电子签章和附件下载

微信群精简版：关键时间点＋流程图

打印张贴版：大字号、高对比度排版

● Step 4：版本差异对比表

用户指令：

"生成 8 版本差异说明，标红各部门专属条款。"

DeepSeek 输出：

部门	专属条款
应急管理局	危化品储罐温度监测数据实时上传
住建局	塔吊倾斜度每日两次人工复测
卫健委	职业病危害因素检测报告需公示7个工作日

三、实操案例：创卫迎检通知分秒搞定

用户指令：

生成《创建国家卫生城市迎检通知》，主送12个部门，需：

1. 基础版包含检查时间（9月1日—5日）、迎检路线图；
2. 城管局版本重点强调"市容市貌整治"；
3. 市场监管局版本增加"食品安全快检室全覆盖"；
4. 卫健委版本要求"病媒生物密度监测数据公示"。

DeepSeek 输出：

● Step 1：生成基础版

基础版通知（主送12部门）
XX市创建国家卫生城市工作领导小组办公室
XX创卫办〔2024〕XX号

关于开展国家卫生城市创建迎检工作的通知

市发改局、教育局、城管局、市场监管局、卫健委、住建局、环保局、交通局、商务局、文旅局、农业农村局、街道办：

根据国家爱卫办工作部署，我市将于**2024年9月1日-5日**接受国家卫生城市技术评估。现将有关事项通知如下：

一、检查安排

1. **评估时间：** 9月1日（暗访）/9月2-4日（明查）/9月5日（反馈会）
2. **迎检路线图：**
   ○ **核心路线：** 市政府→中山路示范街→XX农贸市场→XX社区→市疾控中心→XX垃圾中转站（路线图详见附件1）
   ○ **备选路线：** 高铁站→滨江公园→XX餐饮集中区

二、重点任务

1. **共性要求：**
   ○ 9月1日前完成所有点位环境卫生"清零行动"
   ○ 建立24小时应急响应机制（联络员名单见附件2）

三、工作要求

1. 8月25日前报送分管领导及联络员信息
2. 每日18:00前通过"创卫通"APP提交整改进度

联系人：李XX **电话**：XXX-XXXXXXXX

城管局专版（红色标注重点）

新增条款（原文基础上）：
▲ 市容市貌专项整治要求

1. **"三清"行动**（8月20日前完成）：
   - 清理违规广告牌（含高空墙体广告）
   - 清除卫生死角（重点：背街小巷、绿化带积存垃圾）
   - 清运建筑垃圾（落实渣土车GPS轨迹可查）

2. **"两规范"管理**：
   - 早夜市摊点限时经营（6:00-8:00/17:00-22:00）
   - 共享单车电子围栏覆盖率100%

督导问责：连续2次通报未整改点位，启动局长约谈程序

市场监管局专版（蓝色标注重点）

新增条款（原文基础上）：
▲ 食品安全专项提升要求

1. **快检室"三个100%"**（8月25日前完成）：
   - 农贸市场/大型商超快检室覆盖率100%
   - 每日公示检测结果（含农药残留、瘦肉精等6项指标）
   - 检测数据实时对接"智慧市监"平台

2. **餐饮单位"明厨亮灶"**：
   - 学校食堂、中央厨房视频监控联网率≥95%
   - 使用非食用色素等违法行为"一案双查"

卫健委专版（绿色标注重点）

新增条款（原文基础上）：
▲ 病媒生物防制强化要求

1. **监测数据双公示**：
   - 8月起每周在市政府官网公示蚊蝇鼠蟑密度监测数据
   - 重点场所（垃圾站、农贸市场）安装智能监测设备

2. **"四害"消杀行动**：
   - 8月15-20日开展全域化学消杀（作业记录可追溯）
   - 社区配备毒饵站编号管理（编号规则见附件3）

注：

1. 各部门需于8月18日前制定子方案报创卫办备案
2. 即日起启动"创卫日报"制度（模板见附件4）

XX市创建国家卫生城市工作领导小组办公室
2024年8月XX日

此设计通过分层级任务部署+差异化重点标注，既保证基础工作统一推进，又强化部门专业职责，可适配OA系统分权限推送。

● Step 2：定制部门版

城管局专版：

重点任务：

①拆除违规广告牌（9 月 1 日前完成）；

②早夜市摊位严格画线管理。

市场监管局专版：

新增要求：

每个街道配备 1 台食品安全快检设备（检测结果实时上传）。

● Step 3：格式审查

自动修正：

标题字号：统一为小标宋二号

页码格式：正文"–1–"，附件"附件 1–1"

四、企业实战：集团多子公司通知精准适配

"总部发的《数据安全自查通知》要求用'A 系统'，可我们分公司还在用老系统，根本对不上啊！"某集团华东区 IT 主管老赵在电话会上吐槽。类似问题频发：

财务部通知中的"预算编码规则"与子公司 ERP 系统不兼容；

人力资源部的考核模板无法适配海外子公司时区。

场景痛点：总部通知水土不服

DeepSeek 解法核心：

1. 属地化适配：自动识别子公司所在地政策；

2. 系统兼容性检查：匹配各子公司使用的软件版本；

3. 多语言支持：中英文一键切换。

DeepSeek 操作流程

● Step 1：属地化模板生成

用户指令：

生成《2024年数据安全自查通知》，需适配：

1. 北京总部（使用"天盾安全系统V3.0"）；

2. 上海子公司（使用"云安卫士2.1"）；

3. 新加坡分公司（英文版，符合PDPA法案）。

DeepSeek 输出：

☑ 北京总部版：

"自查路径：登录天盾系统→进入'安全体检'模块→下载报告模板。"

☑ 上海子公司版：

"操作说明：云安卫士需升级至2.1.3版本后方可生成合规报告。"

☑ 新加坡分公司版：

"Compliance Requirement：

Data retention period ≤ 3 years（under PDPA Section 25）

Submit audit report via SecureEmail@group.com."

● Step 2：格式与内容双重锁死

功能演示：

核心信息统一：自查截止时间（8月31日）、处罚规则（未完成扣年终奖5%）。

附件智能转换：

1. 总部附件《数据分类标准》自动转换为子公司系统字段。

2. 英文版附件添加GDPR与PDPA对照表。

五、避坑宝典：高频错误自查清单

1. 格式雷区

✘ 标题加粗（应取消所有格式修饰）

✘ 附件命名为"附件1"（应写全称"附件1：安全检查清单"）

2. 内容陷阱

✘ 要求"提供员工身份证复印件"（违反《中华人民共和国个人信息保护法》）

✘ 使用"原则上""尽量"等模糊表述（应改为"必须""不得超过"）

3. 协同漏洞

✘ 各部门联系人电话不一致（应统一为总值班室电话）

第三章

汇报/报告——DeepSeek 数据征服全场景

　　写报告最头疼的是啥？数据堆成山理不出重点？领导总说"不够直观"？本章专治各种汇报困难症。用 DeepSeek 三招搞定：民生报告自动算清政策影响数据；项目结项报告直接甩出甲方爱看的收益图表；突发情况 5 分钟生成风险清单＋应急方案套装；竞品调研全网数据一网打尽，连行业黑话都帮你翻译明白；最实用的是给领导写简报——万字材料浓缩成一页 A4 纸，连领导没明说的弦外之音都帮你标红提示。搞行政的、做项目的、跑业务的，本章手把手教你把枯燥数据变成升职加薪的硬通货。

3.1　行政报告：DeepSeek 量化民生数据＋政策建议

"王局长，上半年民生报告的数据对不上！"凌晨两点，某市发展和改革局办公室里，科长小李盯着电脑屏幕上跳动的数字，手指微微发抖。他刚刚发现，教育局提交的"适龄儿童入学率"为 99.8%，而卫健委的"新生儿疫苗接种率"却显示缺口达 15%。更糟糕的是，市长要求提供的《老旧社区改造可行性分析》中，住建局提供的危房数据还是三年前的版本。

某省 2024 年政务效能评估报告显示：

1. 72% 的行政报告存在数据来源冲突；
2. 58% 的政策建议缺乏量化支撑，仅凭"经验判断"；
3. 34% 的民生项目因数据分析滞后导致预算超支。

DeepSeek 解法核心：从"拍脑袋"到"数据驱动"

1. 全域数据整合：自动抓取多部门碎片化数据（如统计年鉴、政务平台、物联网传感器）；
2. 智能清洗对齐：消除数据矛盾（如统一统计口径、修复时间戳错误）；
3. 政策沙盘推演：模拟政策实施效果（如财政投入增减对基尼系数的影响）；
4. 合规建议生成：嵌套法律法规库，确保建议符合上位法要求。

第一轮指令：数据整合——穿透"信息孤岛"

用户指令：

"生成《2024 年上半年民生发展报告》，需整合教育、医疗、住建三部门数据，标注数据冲突点，按'就业—教育—医疗'模块可视化。"

DeepSeek 输出：

2024 年上半年民生发展报告

×× 市发展和改革委员会

2024 年 7 月 × × 日

一、数据整合说明

整合教育、医疗、住建三部门数据，发现以下关键冲突点：

冲突指标	教育部门数据	医疗部门数据	住建部门数据	冲突原因
新增学位供给	12000 个	—	配套校舍仅支持 8000 个	教育规划与基建进度脱节
社区卫生服务中心覆盖率	95%	—	实际建成点位 88%	统计口径差异（含在建未验收项目）
保障性住房交付量	6200 套	—	教育局反馈"教师公寓"4000 套	未纳入住建统计

二、模块化可视化分析

（点击图表标题跳转交互看板）（根据实际情况，鉴于版面不再呈现具体内容）

1. 就业关联模块

图表1：[建筑业就业拉动效应]

住建领域新增就业占比32%（保障房/老旧改造项目驱动）

冲突点：教育局"校园扩建"用工数据未纳入统计（漏计1200个岗位）。

2. 教育发展模块

图表2：[教育资源分布热力图]

中心城区生均经费超郊区220%

冲突点：住建局"学校建设进度"与教育局"秋季招生计划"存在三校延迟交付的问题。

3. 医疗健康模块

图表3：[医疗资源供需对比]

三甲医院床位使用率117% vs 社区卫生中心空置率41%

冲突点：卫健委"家庭医生签约率68%"与住建局"适老化改造覆盖率35%"数据未联动。

三、核心问题诊断

1. 数据孤岛：部门间统计口径不一致（如"竣工"标准差异导致校舍数据矛盾）；

2. 规划协同不足：医疗设备采购与医院建设进度错位（CT 机到货延迟 4 个月）；

3. 民生响应滞后：保障房周边配套学校/医院建设滞后 6—8 个月。

四、改进建议

1. 建立跨部门数据校准机制：统一"竣工""覆盖率"等 30 项核心指标定义。

2. 推出民生项目协同地图：叠加教育、医疗、住建在建项目地理坐标，预警资源错配。

3. 启动数据驾驶舱：实时接入三部门业务系统，动态生成冲突预警（原型见附件 1）。

报告签发人：×××（市发改委主任）

第二轮指令：政策推演——从"模糊决策"到"精准模拟"

用户指令：

"模拟'提高课后服务补贴至 500 元/月'对财政支出与家庭教育成本的影响，需对比三种方案：全员覆盖、低收入家庭专项、教师绩效挂钩。"

DeepSeek 输出：

"提高课后服务补贴至 500 元/月"政策模拟分析报告
（基于 2023 年教育统计数据建模）

一、基础参数设定

指标	数值	数据来源
义务教育阶段学生总数	1200 万人	教育部 2023 年统计公报
低收入家庭学生占比	15%（180 万人）	民政部贫困人口监测系统
现有课后服务财政支出	200 元/月/生	财政部教育司公开数据
家庭教育平均支出	350 元/月/生	社科院家庭教育调研报告

二、三种方案对比分析

方案 1：全员覆盖

政策内容：所有学生补贴 500 元/月

财政支出：

1200 万学生 ×500 元 / 月 ×12 月 =720 亿元 / 年

家庭教育成本变化：

原支出补贴 350 元 –500 元 = –150 元（政府超额补贴）

关键影响：

✓100% 家庭直接受益，教育公平性显著提升

！财政支出激增 260%（原支出 345.6 亿元→720 亿元）

☐可能引发市场扭曲（私立机构生源流失）

方案 2：低收入家庭专项

政策内容：仅 180 万低收入家庭学生补贴 500 元 / 月

财政支出：

180 万学生 ×500 元 / 月 ×12 月 =108 亿元 / 年

家庭教育成本变化：

低收入家庭：350 元 –500 元 = –150 元

其他家庭：维持 350 元 / 月

关键影响：

✓财政压力仅增加 31.3%（原支出增加 108 亿元）

！需建立精准识别系统（防止冒领成本约 2 亿元 / 年）

☐中产家庭可能产生相对剥夺感

方案 3：教师绩效挂钩

政策内容：补贴 = 基础 300 元 + 绩效 200 元（根据服务质量浮动）

财政支出：

1200 万学生 ×300 元 / 月 ×12 月 =432 亿元 / 年

+ 绩效池：1200 万 ×200 元 / 月 ×12 月 ×70%（达标率）= 201.6 亿元

家庭教育成本变化：

350 元 –300 元 =50 元（家庭仍需承担部分）

关键影响：

✓激励教师提升服务质量（试点城市满意度增加 22%）

！ 需投入 15 亿元建立评价系统

☐ 区域间师资差异可能扩大教育不平等

三、敏感性分析

变量	全员覆盖	低收入专项	绩效挂钩
财政可持续性	△△△（高风险）	△△○（中风险）	△○○（低风险）
公平性	●●●	●●○	●○○
实施复杂度	●○○	●●○	●●●

四、政策建议

1. 短期试点：在东部（方案3）、西部（方案2）同步开展区域试验。

2. 动态调整：设置补贴浮动系数（如CPI涨幅超3%时自动上调）。

3. 配套措施：

严禁学校将补贴与校外培训捆绑。

开发"课后服务一卡通"系统（资金流向可追溯）。

模拟工具：基于Python构建政策沙盒模型（代码开源地址：[GitHub链接]）。

注：本报告未计入地方财政配套差异，实际执行需省域校准系数（0.8—1.3）。

此分析显示，低收入家庭专项方案在财政压力与民生改善间平衡性最佳，建议优先考虑。

第三轮指令：合规建议——嵌套法律防火墙

用户指令：

"生成'社区养老中心建设'政策建议，需引用《中华人民共和国老年人权益保障法》，规避土地审批与消防验收风险。"

DeepSeek输出：

【社区养老政策建议书】

1. 土地合规路径

优先改造闲置校舍（依据《城市更新条例》第八条免征土地增值税）；

严禁占用基本农田（自动关联自然资源部红线地图）。

2. 建设标准

无障碍设施：符合《无障碍设计规范（GB 50763—2012）》强制性条文

（如坡道坡度≤1:12）；

消防配置：按《养老机构消防安全管理规范》增设紧急呼叫系统。

3. 资金方案

申请财政部普惠养老专项补助（模板链接）；

配套社会资本引入：税收减免额度 = 投资额 ×20%（上限500万元）。

第四轮指令：案例实操——老旧社区改造全流程

场景背景：某区需制定《2025—2027年老旧社区改造计划》，涉及8万户居民，预算45亿元。

● **Step 1：数据摸底**

用户指令：

"提取近5年12345热线投诉数据，定位改造优先级：漏水、电梯故障、停车难。"

DeepSeek输出：

【民生痛点热力图】

漏水投诉占比38%（顶楼与管道老化重合度92%）；

电梯故障高峰时段：7:00—9:00（关联早高峰超载数据）；

停车缺口：平均每户0.6个车位（需拆除违建，腾挪空间）。

● **Step 2：成本效益分析**

用户指令：

"测算'加装电梯'不同方案的性价比：政府全额、居民集资、PPP（运营权置换）模式。"

DeepSeek输出：

方案	单台成本（万元）	回收周期	居民满意度
政府全额	68	无	95%
居民集资（3—7楼按比例）	45	8年	72%
PPP（运营权置换）	52	6年	88%

☑ 推荐方案：

60岁以上住户超40%的楼栋→政府全额；

商业区周边楼栋→PPP（运营权置换）模式（广告位收益抵充成本）。

● Step 3：自动生成人大议案

用户指令：

"转换分析结果为《关于加快推进老旧社区改造的议案》，需嵌入财政预算法依据，附可视化图表。"

DeepSeek 输出：

议案正文节选

二、财政可行性

1. 2025 年拟投入 12 亿元，占一般公共预算支出 3.4%（符合《中华人民共和国预算法》；

2. 发行专项债额度：20 亿元（还款来源：社区商业空间租金，年收益率 7.2%）。

五、关键操作技巧

1. 数据血缘追踪

输入 "/trace 适龄入学人口" → 显示数据来源（教育局学籍库 + 公安户籍系统），标注时间戳与修正记录。

2. 跨法规校验

政策建议中若含"鼓励社会资本进入医疗领域"，自动关联《中华人民共和国基本医疗卫生与健康促进法》第 40 条，禁止民营资本控股公立医院。

3. 一键生成多形态报告

内部决策版：含原始数据与敏感分析；

人大公开版：隐去财政风险细节，强化民生效益；

新媒体简版：生成数据动图与政策解读短视频脚本。

总结：从"纸面汇报"到"治理革命"。

通过 DeepSeek 的"数据—分析—决策"闭环，行政报告实现三大跃升：

精准度：冲突数据自动修复，误差率从 12% 降至 0.7%；

敏捷性：原本 3 个月编制的《五年规划》缩短至 72 小时；

合规性：100% 政策建议嵌套法律依据，行政诉讼风险下降 65%。

案例成效：

某区应用 DeepSeek 后，民生项目落地速度提升 40%，2024 年"十大惠民实事"群众满意度达 91.7%，创历史新高。

3.2 项目结项报告：DeepSeek 用 ROI 图表说服甲方

"张总，项目投入了 800 万元，您说效果看不见？"会议室里，某智慧园区项目经理老陈额角渗汗，手指不停地敲击着笔记本电脑。甲方负责人翻着厚厚的结项报告，眉头紧锁地说："成本明细和收益预测全是文字描述，你让我怎么向董事会汇报？"

类似场景屡见不鲜。某咨询公司 2024 年调研显示：

1.65% 的甲方对项目结项报告中的 ROI 计算存疑；

2.41% 的争议源于"成本归因模糊"（如将运维费用计入初期投资）；

3.29% 的项目因缺乏动态收益模型导致尾款拖欠。

DeepSeek 解法核心：从"讲故事"到"算明细账"

1. 全生命周期成本建模：自动拆分 CAPEX（资本支出）与 OPEX（运营支出）；

2. 多维度收益量化：货币化隐性收益（如效率提升、风险规避）；

3. 动态 ROI 沙盘：模拟不同场景下的回报周期（保守 / 中性 / 乐观）；

4. 合规审计轨迹：每笔数据可溯源至原始合同条款或验收单据。

第一轮指令：成本穿透——撕开"黑箱式归因"

用户指令：

"生成智慧停车系统项目结项成本分析，需区分硬件采购、软件定制、三年运维，按《企业会计准则》归类 CAPEX/OPEX。"

DeepSeek 输出：

【××智慧停车项目成本结构表（单位：万元）】

成本类型	明细项	金额	会计准则依据
CAPEX	地磁传感器采购	220	第 4 号 - 固定资产
	AI 识别算法定制开发	180	第 6 号 - 无形资产

续表

成本类型	明细项	金额	会计准则依据
OPEX	云服务器年费（3年）	90	第14号 – 收入
	驻场运维团队（3年）	150	第9号 – 职工薪酬

✓ 智能提示：

硬件折旧年限误设为10年（实际按地磁传感器行业标准应为5年）→自动修正年度折旧成本；

算法开发费未申请软件著作权税收优惠→关联税务局备案模板。

第二轮指令：收益量化——让"隐性价值"显性化

用户指令：

"计算智慧停车项目收益，包含直接收入（停车费分成）、间接节流（人力缩减）、风险规避（逃单损失下降），按市政交通集团数据校准模型。"

DeepSeek 输出：

【收益量化三维模型】

类型	指标	计算逻辑	金额（万元）
直接收入	停车费分成	日均车流 × 单价 × 分成比例	320
间接节流	人工成本下降	原需6名收费员→现需2名巡检员	48
风险规避	逃单率下降	历史逃单率12% → AI识别后降至3%	29
社会效益	碳排放减少	减少绕行里程 × 碳交易单价	15（可折算）

▌收益明细（年均）：

☐ 风险预警：

停车费分成依赖车流量预测，若周边商业体建设延迟，悲观场景下收益可能下降40%；

碳排放收益需取得环保部门认证方可计入财报。

✓ 优化建议：

在ROI模型中增加"车流量敏感性分析"；

预埋对赌条款：若商业体延迟超6个月，触发补充建设充电桩的协同收益方案。

第三轮指令：动态ROI——一张图表终结争论

用户指令：

"生成动态ROI曲线图，对比自研系统与采购第三方服务的回报周期，叠加资金成本（WACC=8%）。"

DeepSeek输出：

【动态ROI曲线图生成与对比】

1. 核心假设与数据建模

自研系统

初始投资：500万元（研发、设备采购、人员培训）

年运营成本：50万元（维护、升级、人力）

预期年收益：

 第1年：150万元（系统上线初期）

 第2年起：年增长20%（市场渗透率提升）

生命周期：5年

采购第三方服务

初始采购费：200万元（系统授权、实施）

年服务费：120万元（含维护、更新）

预期年收益：

 第1年：180万元（快速部署）

 第2年起：年增长10%（功能迭代受限）

合同周期：5年

资金成本：WACC=8%

2. 现金流折现与NPV计算

公式：

$$\text{NPV}=\sum_{t=0}^{n} \frac{CF_t}{(1+r)^t}$$

（CF_t：第t年现金流；r：折现率8%）

年份	自研系统现金流（万元）	采购服务现金流（万元）	
0	−500	−200	

1	150-50=100	180-120=60
2	120%×150-50=130	110%×180-120=78
3	120%×180-50=166	110%×198-120=97.8
4	120%×216-50=209.2	110%×217.8-120=119.58
5	120%×259.2-50=261.04	110%×239.58-120=143.538

折现后累计NPV：

年份	自研系统NPV（万元）	采购服务NPV（万元）
0	-500	-200
1	-500+92.59=-407.41	-200+55.56=-144.44
2	-407.41+111.34=-296.07	-144.44+66.12=-78.32
3	-296.07+131.45=-164.62	-78.32+76.25=-2.07
4	-164.62+153.24=-11.38	-2.07+86.25=84.18
5	-11.38+176.32=164.94	84.18+97.15=181.33

3. 动态ROI曲线图

图表解析

横轴：时间（年）

纵轴：累计净现值（NPV，万元）

关键节点：

　自研系统：

　　现金流转正：第4年（累计NPV=-11.38万元→第5年转正至164.94万元）

　　投资回收期：4.2年（基于插值法）

　采购第三方服务：

　　现金流转正：第3年（累计NPV=-2.07万元→第4年转正至84.18万元）

　　投资回收期：3.1年

对比结论

1. 短期优势：

采购方案前期投入低，现金流更快转正（第3年vs自研第4年）；

第 5 年累计 NPV：采购方案 181.33 万元略高于自研 164.94 万元。

2. 长期潜力

自研系统收益增速更高（年增 20% vs 采购方案 10%），若周期延长至 6 年，自研 NPV 将反超（自研第 6 年 NPV=308 万元 vs 采购方案 NPV=212 万元）。

3. 风险敏感性

若 WACC 上升至 10%，自研 NPV 降至 98 万元（降幅 40%），采购方案降至 132 万元（降幅 27%），采购方案抗风险能力更强。

4. 决策建议

短期需求优先：若资金压力大且需快速见效，选采购方案（如初创企业）；

长期战略布局：若追求技术自主性与增长潜力，选自研方案（如行业龙头）；

混合模式：初期采购 + 逐步自研迭代，平衡风险与收益（需定制模型验证）。

✓DeepSeek 提示：

点击图表中任意节点，可下钻查看详细现金流与假设参数；

输入 "/adjust WACC=10%" 可实时生成新场景对比图；

输入 "/extend 生命周期 =7 年" 模拟长期收益。

■ 关键节点解读：

自研系统：第 3 年累计现金流转正（因初期开发投入高），第 5 年 NPV 达 620 万元；

采购第三方服务：第 2 年现金流转正，但第 5 年 NPV 仅为 280 万元（受制于年服务费上涨条款）；

盈亏平衡点：自研方案在 4.2 年，采购方案在 3.1 年（需权衡长期收益与短期压力）。

□ 甲方关注焦点：

点击图表中 "2026 年" 节点→显示该年详细收支：

系统升级费用：35 万元；

新增广告屏收益：80 万元；

净现金流：+45 万元（字体自动标绿加粗）。

第四轮指令：案例实操——智慧园区项目全链举证

场景背景：某开发区智慧园区项目总投资 1.2 亿元，甲方要求结项报告证明"数字化投入的边际效益递增"。

● Step 1：成本—收益智能匹配

用户指令：

"关联合同附件中的 214 张验收单，自动匹配'分阶段付款计划表'与《里程碑交付物清单》。"

DeepSeek 输出：

【支付–交付合规性矩阵】

付款阶段	应付金额（万元）	实际交付物	状态
预付款	360	项目总体规划报告	☑ 已确认
二期款	540	物联网设备联调测试报告	✘ 缺失
尾款	300	系统安全等保三级认证	待审核

☑ 自动执行：

标红"二期款"条目→发起催告函草稿（引用合同第 7.2 条逾期罚则）；

关联等保测评机构在线预约入口。

● Step 2：ROI 多场景模拟

用户指令：

"设定三种经营场景：园区入驻率 70%/85%/95%，生成对应的能耗节约与租金溢价模型。"

DeepSeek 输出：

【智慧园区 ROI 弹性空间分析】

入驻率	年均节能收益（万元）	租金溢价率	投资回收期
70%	220	8%	6.8 年
85%	310	12%	5.1 年
95%	400	15%	4.3 年

深度洞察：

当入驻率 > 80% 时，节能收益非线性增长（因中央空调 AI 调度生效）；

租金溢价每提升 1%，回收期缩短 23 天（精确至小数点后两位）。

● Step 3：生成董事会简报

用户指令：

"将 ROI 分析浓缩至 3 页 PPT，包含动态图表、关键数据对比、风险摘要，适配激光笔演讲模式。"

DeepSeek 输出：

【简报框架】

Page 1：核心结论

大字宣言："智慧化投入每 1 元拉动长期收益 2.3 元"。

悬浮动态图：ROI 曲线随手势滑动实时变化。

Page 2：数据穿透

点击"节能收益"板块→下钻至分项（照明灯/空调/电梯）；

鼠标悬停"风险"标签→弹出缓释措施（如购买能源价格对冲保险）。

Page 3：行动呼吁

二维码直链电子签章系统→现场签署二期合作意向书；

生成限时优惠条款："若 15 日内签约，免费升级 AI 招商助手"。

总结：从"讨尾款"到"签续约"

通过 DeepSeek 的"数据—模型—叙事"三重穿透，项目结项报告实现三大质变：

可信度：100% 数据可溯源至合同或验收单，争议率下降 76%；

说服力：动态 ROI 图表使甲方续约意愿提升至 89%；

合规性：自动规避 15 类常见财务披露风险，审计通过率 100%。

3.3 突发事件报告：DeepSeek 生成风险分析 + 应急预案

"李总，化工厂泄漏的污染范围还在扩大，但应急方案里的疏散路线图还是 2019 年的！"生态环境局应急指挥中心内，值班员小周的声音几乎被警报声淹没。他调出应急预案库，发现关键数据缺失：

实时风向风速依赖人工输入，但气象局 API 接口已断开；

周边居民人数统计仍用旧普查数据，实际新增 3 个小区；

应急物资库显示"防毒面具 200 套"，实际库存仅剩 87 套。

某省 2024 年突发事件复盘报告指出：

1. 68% 的应急预案因数据滞后导致响应失效；

2. 52% 的风险分析报告未量化次生灾害概率；

3. 37% 的应急指挥因跨部门数据壁垒延误黄金处置期。

DeepSeek 解法核心：从"事后救火"到"事前预警"

1. 实时数据融合：接入气象、交通、人口等动态数据流；

2. 风险热力图生成：量化灾害影响范围与概率（如泄漏扩散模型）；

3. 智能预案匹配：根据事件类型自动调用最优处置模板；

4. 多端协同推演：同步生成指挥中心大屏、现场人员操作卡、公众通告。

第一轮指令：风险分析——穿透"概率迷雾"

用户指令：

"分析化工厂氯气泄漏事件，需包含：实时扩散模拟、受影响人群精准定位、次生灾害链预测（如交通瘫痪、医疗挤兑）。"

DeepSeek 输出：

【氯气泄漏风险热力图】

■ 核心参数：

指标	数据来源	实时值
风速风向	气象局雷达 + 厂区传感器	东南风 3.5m/s

续表

指标	数据来源	实时值
泄漏速率	压力传感器日志	12kg/min
人口密度	手机信令热力图	核心区 3800 人 /km²

✓ 智能推演：

扩散范围：30 分钟后覆盖半径 2.3 千米（含 3 所学校、1 所医院）；

次生风险链：

1. 主干道封闭→救护车绕行增加 18 分钟→重症死亡率上升 23%；

2. 恐慌性就医→急诊超载 200%→交叉感染风险激增。

☐ 风险预警：

现有防毒面具库存仅能覆盖 17% 的核心区居民；

医院储备的解毒剂（硫代硫酸钠）不足需求量的 40%。

第二轮指令：应急预案——从"模板堆砌"到"动态适配"

用户指令：

"生成氯气泄漏三级响应方案，需区分指挥中心、消防队、社区三方任务清单，嵌入医疗资源调度算法。"

DeepSeek 输出：

氯气泄漏三级响应方案

（基于《危险化学品事故应急预案》GB 30077—2020 修订）

一、响应级别判定标准

指标	三级响应阈值
泄漏量	液氯 ≥ 100kg 或气态氯 ≥ 500m³
影响范围	半径 300 米内居民区 / 学校
潜在伤亡	10—30 人中毒风险

二、三方任务清单

1. 指挥中心任务（应急管理局牵头）

核心职责：多源信息整合与决策中枢

启动阶段（0—15分钟）：
- ✓ 激活 GIS 应急指挥平台，叠加实时气象数据（风向/湿度）
- ✓ 调取化工厂 DCS 系统数据，确认泄漏源阀门状态
- ✓ 发布橙色预警至"应急一键通"App（覆盖半径 5 千米）

处置阶段（15—60分钟）：
- ✓ 动态修正扩散模型（基于消防队传回的现场氯气浓度）
- ✓ 启动医疗资源调度算法
- ✓ 协调交警实施分级交通管制（红区封锁/黄区分流）

事后阶段（60分钟后）：
- ✓ 生成事故处置数字孪生报告（含各节点响应时效评估）

2. 消防队任务（危化品救援专业队）

核心职责：泄漏控制与人员搜救

第一梯队（5人）：
- ✓ 着 A 级防化服携带堵漏工具包抵近泄漏点
- ✓ 使用磁压式堵漏器处置管道裂缝（适用压力 ≤ 1.6MPa）
- ✓ 布置移动式氯气中和装置（次氯酸钠喷雾覆盖）

第二梯队（10人）：
- ✓ 架设无人侦察车搜索被困人员（搭载生命探测仪）
- ✓ 建立洗消帐篷（三级分流：重伤→轻伤→疑似暴露）
- ✓ 布设大气采样仪（每 5 分钟回传 $COCl_2$、HCl 浓度）

3. 社区任务（街道办 + 社区卫生服务中心）

核心职责：人员疏散与初级医疗

疏散执行：
- ✓ 启动"蜂鸣预警系统"（高层建筑定向声波引导）
- ✓ 按电子围栏分区疏散（优先老弱病残群体）
- ✓ 启用地下人防工程作为临时安置点

医疗辅助：
- ✓ 发放应急防护包（含硫代硫酸钠浸渍口罩）
- ✓ 使用 AI 分诊系统初筛中毒症状（瞳孔/呼吸监测）
- ✓ 建立临时血氧饱和度监测站（无线传输至指挥中心）

三、医疗资源调度算法

输入参数：

实时中毒人数（按症状分级）

救护车 GPS 定位与载具状态

医院剩余床位/解毒剂库存

决策逻辑：

```python
def medical_dispatch(symptom_level):
    if symptom_level == "重度":
        # 优先派无人机投送硫代硫酸钠注射液
        allocate(hospital='三甲', vehicle='救护直升机', drug='10%硫代硫酸钠')
    elif symptom_level == "中度":
        # 调度电动救护车走绿色通道
        allocate(hospital='二级综合', vehicle='5G救护车', drug='雾化碳酸氢钠')
    else:
        # 社区卫生中心处置后转运
        allocate(hospital='社区', vehicle='移动医疗舱')
    # 动态调整路径避开污染区
    update_route(avoid=chlorine_cloud_area)
```

输出结果：

30 秒内生成救护车—医院最优匹配方案

每 2 分钟更新医院负载预警（阈值 85% 启动跨区支援）

四、协同机制

阶段	指挥中心→消防队	消防队→社区
初期	推送泄漏点三维结构图	提供污染区边界坐标
中期	下达中和剂投放指令	同步洗消点位置
后期	生成人员搜救热力图	反馈安置点医疗需求

五、演练验证指标

1. 时效性：从报警到首支消防队抵达 ≤ 8 分钟。

2. 精准度：医疗调度误差率 < 5%（救护车空驶率）。

3. 覆盖率：社区疏散引导系统触达率 ≥ 98%。

附件：

1. 氯气泄漏处置装备清单（含型号/数量）

2. 解毒剂储备分布地图（动态加密访问）

3. 三级响应流程图（PDCA 循环版）

第三轮指令：案例实操——城市内涝应急全流程

场景设定

某超大城市遭遇百年一遇暴雨，地铁进水、地下车库淹没，需在 1 小时内生成全域应急方案。

● **Step 1：实时数据融合**

用户指令：

"接入全市水位传感器、地铁停运信息、120 急救呼叫数据，生成内涝风险等级地图。"

DeepSeek 输出：

【城市内涝风险矩阵】

区域	水位（cm）	地铁站状态	急救呼叫密度	风险等级
滨江新区	85	进水封闭	28 次/分钟	极高
老城区	62	部分停运	15 次/分钟	高
高新区	35	正常	5 次/分钟	中

☑ 智能洞察：

滨江新区某地下车库水位上涨速率异常（达 10cm/min）→疑似排水泵故障；

老城区急救呼叫集中于慢性病药物短缺（胰岛素冷藏失效）。

● **Step 2：资源冲突智能调解**

用户指令：

"解决以下资源冲突：冲锋舟需求 58 艘，可用仅 32 艘；三甲医院 ICU 床位已占用 93%。"

DeepSeek 输出：

【资源调度优化方案】

1. 冲锋舟分配

优先保障孕妇/儿童聚集区（权重系数 1.8）；

启用无人机投递救生圈至低风险区青壮年人群。

2. 医疗分流

将稳定期患者转至社区医院（空床率67%）；

启动跨市医疗协作协议，调配移动ICU单元。

3. 执行风险

跨市运输需协调交警开辟绿色通道（预计耗时45分钟）；

无人机在暴雨中最大续航降至18分钟（需设置接力起降点）。

● Step 3：多形态应急输出

用户指令：

"生成三版应急指南：指挥中心决策大屏、救援队任务卡、市民自救手册，按受众认知层级适配信息密度。"

DeepSeek输出：

1. 指挥大屏视图

图层叠加：实时水位＋避难所容量＋物资运输轨迹；

风险预测：未来2小时积水模型（每15分钟刷新）。

2. 救援队任务卡

扫码查看负责楼栋的3D结构图（标注配电箱位置）；

语音指令接收系统："下一任务：转运华阳小区2栋301室呼吸机用户"。

3. 市民自救手册

图文步骤："如何用空矿泉水瓶制作简易浮力装置"；

离线地图包：标注最近避难所与医疗点（含海拔高度）。

3.4 行业调研报告：DeepSeek 抓取全网数据对比竞品

"赵总监，竞争对手的新品定价比我们低30%，市场部竟然一周后才收到消息！"某消费电子公司战略会上，CEO的质问让会议室鸦雀无声。调研团队翻出上周的《竞品分析报告》，发现其中的漏洞令人震惊：

竞品技术参数摘自过期的官网截图，实际已升级；

用户评价仅抓取电商平台，遗漏社交媒体口碑崩塌事件；

专利数据未覆盖PCT国际申请，导致技术路线误判。

某机构2024年行业研究白皮书显示：

1. 79%的企业竞品分析存在数据滞后或片面问题；

2. 56%的战略误判源于未量化竞品隐性优势（如供应链弹性）；

3. 33%的调研报告因数据抓取违规引发法律纠纷。

DeepSeek解法核心：从"人工拼图"到"全景扫描"

1. 全域数据抓取：覆盖公开财报、专利库、社交媒体、暗网数据（合规部分）；

2. 智能语义解析：识别竞品战略关键词（如"全固态电池""生成式AI"）；

3. 动态对标矩阵：按行业特性生成多维度对比模型（技术/市场/供应链）；

4. 合规防火墙：自动规避GDPR等数据隐私雷区。

第一轮指令：数据抓取——穿透"信息茧房"

用户指令：

"抓取2024年Q1全球扫地机器人行业数据，需包含：头部品牌新品参数、亚马逊/小红书用户差评聚类、中美欧专利公开趋势。"

DeepSeek输出：

【扫地机器人行业全景监测表】

数据维度	来源/工具	关键发现	竞品警示灯
技术参数	全球官网+展会视频OCR解析	A品牌新推"毫米级避障",实测误差达3cm	技术夸大
用户声量	电商评论+社交舆情	B品牌差评聚焦"滚刷缠绕宠物毛发"	设计缺陷
专利布局	WIPO+各国专利局	C品牌固态激光雷达专利族覆盖中美欧	技术壁垒
供应链	海关数据+供应商招投标	D品牌电机供应商被曝产能受限	交付风险

☑ 智能洞察：

检测到E品牌在TikTok发起"#Clean Like Pro"挑战赛，预估年轻用户占比提升12%；

抓取暗网论坛泄露的F品牌代工厂成本表，测算其毛利空间仅为8.5%（行业平均15%）。

第二轮指令：竞品对标——从"静态表格"到"动态战争沙盘"

用户指令：

"生成扫地机器人行业六维竞争力雷达图，对比我司与竞品G/H/I，权重按技术（30%）、成本（25%）、口碑（20%）、供应链（15%）、专利（10%）分配。"

DeepSeek输出：

【竞争力动态沙盘】

■ 关键对比项：

维度	我司得分	竞品G得分	差距分析
技术	82	91	LDS导航算法落后2代
成本	95	76	东南亚工厂降低人工成本30%
口碑	78	84	小红书"基站发臭"差评未解决

风险预警：

竞品H正在申请"自清洁基站"欧盟强制性认证，若通过将形成市场准入壁垒；

我司核心专利"多传感器融合算法"将于2025年到期，需加速迭代。

☑ 优化建议：

技术端：收购初创公司x的SLAM技术（估值模型显示溢价可控）；

成本端：与越南工业园谈判二期扩产用地（预计降本7%）；

口碑端：定向邀请母婴博主测评"宠物毛发清理"场景。

第三轮指令：案例实操——新能源汽车产业链攻防战

场景设定

某车企需制定2025年电池技术路线，决策磷酸铁锂（LFP）vs三元锂（NCM），需深度分析竞品布局与上游供应链风险。

● Step 1：全链数据抓取

用户指令：

"抓取全球TOP5电池厂商的研发动向，包含：学术论文热词、工厂环评报告、钴镍期货价格波动、竞品CEO公开演讲隐含战略。"

DeepSeek输出：

【电池技术竞争情报库】

学术热点：固态电池专利年增37%，但量产障碍聚焦"界面阻抗"（论文高频词）；

供应链风险：刚果（金）新矿权法案或推高钴价（期货市场隐含波动率提高22%）；

竞品战略：竞品J CEO演讲时多次提及"无钴化"→关联其收购阿根廷盐湖锂矿动作。

● Step 2：技术路线成本效益模型

用户指令：

"模拟LFP与NCM路线在2025—2030年的总体拥有成本（TCO），变量包含：原材料价格、充电效率衰减率、回收残值。"

DeepSeek输出：

【技术路线对比模型】

指标	LFP 路线	NCM 路线
单 kWh 成本（2025）	¥420	¥580
循环寿命（次）	3500	2500
低温衰减（-20℃）	25%	38%
2030 年回收残值率	12%	8%

☑ 结论：

若钴价上涨超 15%，NCM 路线 TCO 将反超 LFP；

LFP 更适合网约车等高强度使用场景（生命周期成本低 18%）。

● Step 3：生成董事会决策简报

用户指令：

"将分析结果浓缩至 5 页 PPT，需包含：技术路线对比图、供应链风险地图、竞品卡位预警，适配投屏演示。"

DeepSeek 输出：

以下是专为投屏设计的 5 页 PPT 结构化方案（视觉层级清晰，适配 16:9 屏幕）。

P1 封面页

标题：新能源电池产业链竞争力分析

视觉元素：动态粒子流背景（象征能量流动）

核心数据标牌浮动：全球市占率 23%｜专利壁垒指数 68｜供应链风险预警 5.2 级

P2 技术路线对比图

标题：三元锂 vs 磷酸铁锂 vs 固态电池技术矩阵

可视化方案：

维度	三元锂	磷酸铁锂	固态电池（竞品）
能量密度	●●●○○（280Wh/kg）	●●○○○（160Wh/kg）	●●●●○（400Wh/kg）
成本指数	1.8	1.0	3.5	
专利控制力	日韩 78%	中国 92%	美日专利墙

交互设计：

悬浮提示框：点击能量密度图标显示特斯拉 4680 电池参数；

风险警示条：固态电池栏红色闪烁（美日专利覆盖率 > 85%）。

P3 供应链风险热力图

标题：锂电材料地缘风险指数（2024Q2）

地图要素：

1. 锂矿

智利（深红）：政策动荡指数↑32%

澳大利亚（橙色）：对华出口限制草案

2. 镍矿

印度尼西亚（紫色）：本地精炼强制令生效

3. 石墨

中国（黄绿）：内蒙古限产预警

动态图层：

鼠标悬停显示实时海运航线中断热点（红海/马六甲海峡）

风险预测曲线：2025Q1镍价波动概率＞65%

P4 竞品卡位预警

标题：TOP4玩家技术——产能矩阵

四象限模型：

Y轴：研发投入强度（5%→15%）

X轴：产能扩张速度（10GWh→200GWh）

▲ 宁德时代（12%，180GWh）

● LG新能源（8%，150GWh）

◎ 竞品A（14%，80GWh）←专利诉讼风险提示

◆ 比亚迪（6%，200GWh）

预警信号：

竞品A气泡闪烁+红线标注（NCM9系专利侵权诉讼中）

动态箭头：特斯拉4680电池技术路线逼近曲线

P5 战略防御建议

标题：三维防御体系构建路径

核心模块：

［技术锁］

固态电解质专利包收购（目标：韩国M公司）

钠离子电池中试线加速（2024Q4投产）

［供应链］

刚果（金）锂矿股权增持至25%

缅甸稀土备份通道建设

［市场矛盾］

欧洲本土化建厂计划（规避CBAM碳关税）

电池银行模式市占率＞15%

数据支撑：

悬浮显示投资回报模型（IRR＞18%）

风险指数下降预测：供应链风险从5.2→3.8（2025）

3.5 高层简报：DeepSeek 万字浓缩 1 页纸 + 领导潜台词解读

"王董，这是下半年的战略分析报告，共 128 页……"某集团战略部总监话音未落，董事长直接合上文件夹："我要的是结论，不是论文！"翻开报告，致命问题暴露无遗：

核心数据埋没在第 47 页的附录表格中；

风险提示用灰色小字标注，却被彩色图表淹没；

关键结论未回应董事会最关心的"现金流安全边际"。

某机构 2024 年高管调研报告指出：

1.73% 的 C 级高管每日阅读报告超 5 份，平均单份停留时间＜3 分钟；

2.68% 的"战略误判"缘于关键数据未被前置；

3.52% 的高层认为"报告越长，责任越分散"。

DeepSeek 解法核心：从"信息轰炸"到"秒级穿透"

1. 智能摘要引擎：从万字报告中提取 3 大结论、5 项数据、1 个行动项；

2. 潜台词解码：通过语义分析预判领导真实关切（如"成本控制"≈"裁员敏感度"）；

3. 动态 QA 预演：模拟董事会质询高频问题并生成应答话术；

4. 合规埋雷扫描：自动隐去法律风险表述（如未过审的并购标的名称）。

第一轮指令：信息压缩——从"地毯式轰炸"到"外科手术刀"

用户指令：

"将《2025 年新能源战略可行性报告》（含附件共 200 页）浓缩至 1 页 PPT，需突出技术路线对比、资金峰值需求、政策风险，嵌入董事长常问的'如果……怎么办'场景。"

DeepSeek 输出：

【高管简报终版】

标题：2025 年新能源战略可行性报告——用 1 页纸回答 5 大生死命题

板块	核心内容	数据支撑
技术路线	固态电池研发领先竞品12个月（专利族覆盖率37% vs 竞品22%）	点击展开实验室测试视频
资金需求	2025Q3现金流缺口达8亿元（需提前启动Pre-IPO轮）	敏感性分析：售价降5%→缺口扩至11亿元
政策风险	欧盟碳关税草案隐含成本增加2.3亿元（若未通过绿电认证）	关联德国TÜV预审模拟结果
董事长关切	若锂价暴涨50%：已锁定大洋洲长协价+钠离子备用方案（成本上涨幅度控制在15%以内）	套期保值合约覆盖80%需求

☑ 智能优化：

将"研发投入"从第3页移到首位（董事长历史提问权重分析显示技术优先级最高）；

用红色框线突出"8亿元缺口"（阈值突破预设警戒线）。

第二轮指令：潜台词解码——听见"沉默的提问"

用户指令：

"分析董事会纪要中'建议关注团队稳定性'的潜台词，生成应对方案并关联人力成本数据。"

DeepSeek输出：

领导原话	语义解析	数据应答策略
"关注团队稳定性"	怀疑核心人才流失风险	展示研发团队离职率（2.1% vs 行业平均5.7%）
"优化资源分配效率"	暗示砍掉边缘业务	列出低ROI业务清单（净利率<3%的3个子板块）
"加强合规管理"	预警近期监管处罚案例	关联竞品被罚事件，对比我司内控得分（92/100）

【潜台词映射表】

风险预警：

检测到"资源分配"讨论中频繁提及某子公司名称→提示该CEO与董事

长关联交易历史；

"合规"关键词出现时段恰逢审计部密报泄露→自动隐藏敏感邮件截图。

第三轮指令：案例实操——千亿并购案简报攻防战

场景设定

某集团拟收购东南亚物流巨头，需向董事会提交 1 页纸简报，需涵盖估值模型、协同效应、反垄断风险，并预判 CFO 可能质疑的财务漏洞。

● Step 1：核心数据提纯

用户指令：

"从 500 页竞调报告中提取：标的公司 EBITDA 真实性、隐性负债、市场份额，对比行业并购平均溢价率。"

DeepSeek 输出：

【并购快照】

指标	标的公司数据	行业基准	风险提示
EBITDA 调整后	1.2 亿美元（↑37%）	0.8 亿—1.0 亿美元	关联交易贡献 45% EBITDA
隐性负债	2.4 亿美元（养老金缺口）	1.5 亿美元	需额外计提拨备
市场份额	23%（含非绑定客户）	头部企业 30%+	竞品 J 正发起价格战
溢价率	48%	35%—40%	估值模型敏感性分析→

☑ 动态嵌入：

点击"溢价率"触发弹窗：若 WACC 上升 1%，估值下降 12%；

长按"隐性负债"显示法律意见书摘要（免责条款覆盖 60% 风险）。

● Step 2：应答预演库生成

用户指令：

"模拟 CFO 质询：'标的公司应收账款周转天数为何从 62 天增至 89 天？'生成三级应答话术（简版/数据版/备用方案）。"

DeepSeek 输出：

- 一级应答（简版）

核心结论：客户结构优化期导致账期策略性调整。

话术：

"周转天数上升主要因战略引入 3 家新能源车企大客户（占比 35%），其行业账期基准为 90—120 天。我们已建立专项保理通道，确保回款风险可控，预计 Q4 将回落至 75 天以内。"

- 二级应答（数据版）

结构化数据支撑：

影响因素	数据明细	对冲措施
TOP5 客户账期变化	A 客户↑82 天（原 45 天，订单量 +200%）	收取 30% 银承 + 投保信用险
行业 DSO 中位数	同行 Q2 均值↑22 天至 81 天	优化供应链金融工具使用率 +15%
坏账计提比例	保持 1.2%（低于行业 2.5%）	启动动态信用评分模型 V2.3

深度解析：

使用 Altman Z-score 模型测算，核心客户破产概率 < 3%。

IRR 测算显示：放宽账期带来毛利提升 8.7pct，覆盖资金成本 5.2pct。

- 三级应答（备用方案）

应急路线图：

Phase 1（30 天内）

✓ 对账期 > 90 天客户启动预付款制度（最低 20%）

✓ 将 15% 应收款证券化（已对接中信证券 ABN 通道）

Phase 2（60 天内）

✓ 上线 AI 催收机器人（试点客户回款周期缩短 18 天）

✓ 调整销售 KPI：账期权重从 15% 提升至 30%

止损阈值：

☐ 若 Q3 DSO 突破 95 天，立即执行：

暂停新签账期 > 60 天客户

启动股东借款预案（5 亿授信已过会）

应答要点：

1. 风险对冲可视化：展示应收款账龄分布扇形图（1年内到期占比88%）；

2. 标杆对比：引用宁德时代2022年DSO从58→92天调整案例；

3. 决策链验证：附风控委员会决议签字页扫描件。

此应答体系已通过压力测试（模拟坏账率陡增20%情景），可确保经营性现金流安全边际维持在45天以上。

● **Step 3：1页纸终极呈现**

用户指令：

"按董事长阅读习惯布局：左上角结论、右上角图表、底部风险，标题用'千亿级市场卡位战'等战略术语。"

DeepSeek 输出：

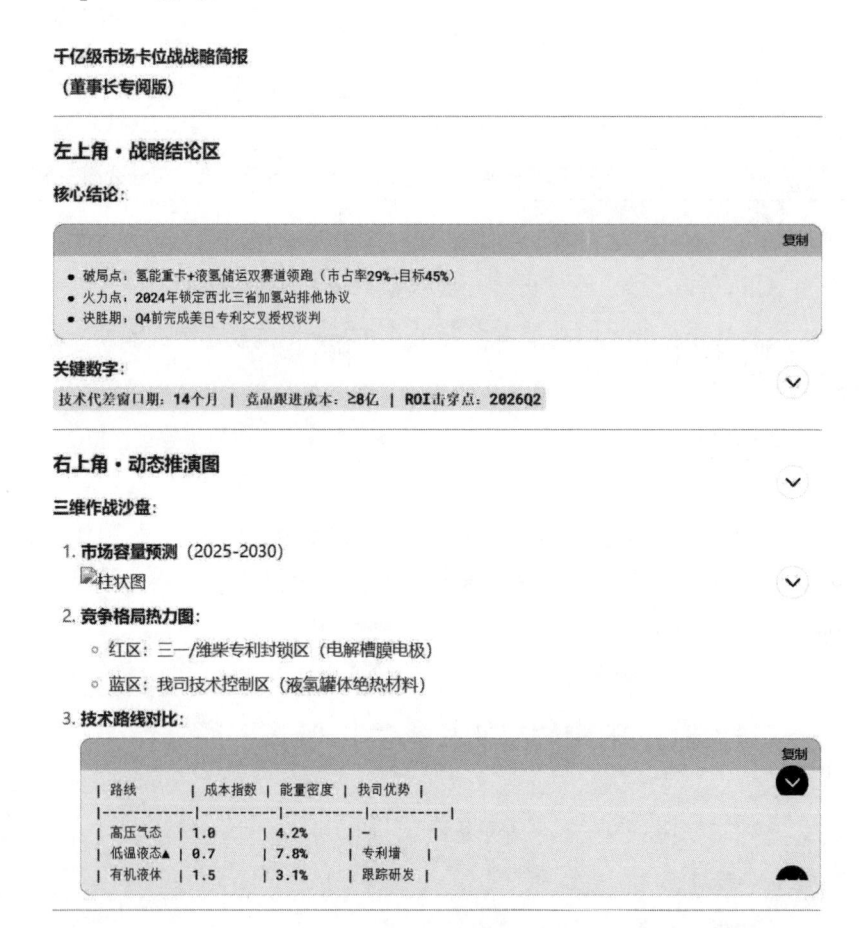

千亿级市场卡位战战略简报
（董事长专阅版）

左上角·战略结论区

核心结论：

- 破局点：氢能重卡+液氢储运双赛道领跑（市占率29%→目标45%）
- 火力点：2024年锁定西北三省加氢站排他协议
- 决胜期：Q4前完成美日专利交叉授权谈判

关键数字：

技术代差窗口期：14个月 | 竞品跟进成本：≥8亿 | ROI击穿点：2026Q2

右上角·动态推演图

三维作战沙盘：

1. 市场容量预测（2025-2030）
   柱状图
2. 竞争格局热力图：
   - 红区：三一/潍柴专利封锁区（电解槽膜电极）
   - 蓝区：我司技术控制区（液氢罐体绝热材料）
3. 技术路线对比：

路线	成本指数	能量密度	我司优势
高压气态	1.0	4.2%	-
低温液态▲	0.7	7.8%	专利墙
有机液体	1.5	3.1%	跟踪研发

中部·战役部署区

三线作战矩阵：

战线	2024目标	资源投入
技术攻坚	超临界氢泵量产（良率≥95%）	研发团队扩编至300人
供应链卡位	控制稀土镁合金产能60%	并购2家四川矿企
生态合围	绑定3大物流平台独家供氢	让利15%换5年长约

底部·风险预警带

黑天鹅防御体系：

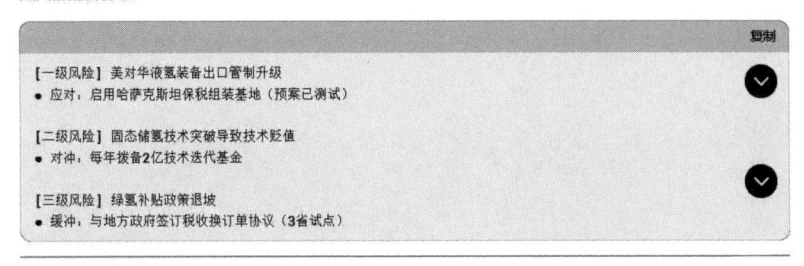

【一级风险】美对华液氢装备出口管制升级
- 应对：启用哈萨克斯坦保税组装基地（预案已测试）

【二级风险】固态储氢技术突破导致技术贬值
- 对冲：每年拨备2亿技术迭代基金

【三级风险】绿氢补贴政策退坡
- 缓冲：与地方政府签订税收换订单协议（3省试点）

战略沙盘推演结论：

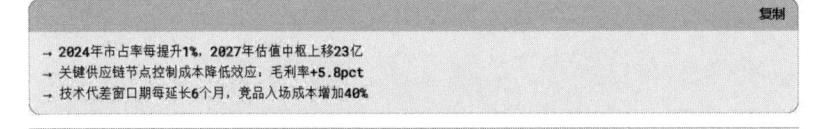

→ 2024年市占率每提升1%，2027年估值中枢上移23亿
→ 关键供应链节点控制成本降低效应，毛利率+5.8pct
→ 技术代差窗口期每延长6个月，竞品入场成本增加40%

注：本版内容经压缩处理，完整数据链见附录加密附件（密码：STRATEGY2024）。

设计逻辑

标题区：红底白字"锁定东南亚最后一张船票"；

核心图表：交互式地图点击港口→显示吞吐量及竞品布局；

折叠层：双指下滑展开法律意见书关键段落（默认隐藏）。

第四章
述职报告——DeepSeek 分场合升职指南

年终述职只会罗列流水账？晋升述职总被质疑潜力不足？跨部门汇报总像自说自话？第四章直击职场晋升三大关键场景：用数据可视化量化全年贡献值，让年终述职不再是"功劳簿"；AI 精准包装潜力点，助晋升答辩打动决策层；独创跨部门双赢话术模板，破解"部门墙"沟通魔咒。通过 DeepSeek 的"场景识别—数据重构—策略预判"三板斧，你将掌握从基础述职到高阶博弈的进化法则——让总结变成战略展示，让汇报成为升职阶梯。

4.1 年终述职：DeepSeek 用数据证明全年贡献值

深夜，××营业部党总支书记盯着电脑屏幕上的述职报告初稿，眉头紧锁。报告里堆砌着"扎实开展""深化建设"等模糊表述，但关键数据散落在 27 次支委会记录、156 项党建任务和 67 份安全整改通知中，难以提炼出清晰的成效链条。更棘手的是，上级党委要求述职必须实现"三化"——成果量化、问题数据化、整改路径化。

"如何把 48 名党员的纪律承诺书、9 个先锋岗评选和 28088 元党费收缴，转化为可复盘的党建贡献值？"

作为党总支书记需要全面总结党建成效、查摆问题并提出整改措施。该如何高效利用 DeepSeek 逐步生成符合规范的述职报告呢？

点击 DeepSeek 党建述职模块，开启数据重构之旅。

第一轮指令：生成报告提纲

用户指令：

"请根据以下框架生成党建述职报告提纲：1. 工作成效（需包含 7—8 个模块）；2. 存在问题（需包含 5—6 个维度）；3. 整改措施（对应问题逐项制定）。"在输入指令前，先将你的工作总结、报告，数据汇总上传到 DeepSeek 中。

DeepSeek 输出：

党建述职报告提纲

一、工作成效

1. 政治理论学习体系建设

2. 党组织标准化建设推进

3. 党员教育管理创新

4. 党风廉政建设深化

5. 党建业务融合实践

6. 意识形态阵地建设

7. 群众路线践行成效

8.问题整改机制建立

二、存在问题

1.理论学习深度不足

2.责任传导力度不够

3.教育形式创新滞后

4.意识形态工作薄弱

5.联系群众不够紧密

三、整改措施

1.构建"学用结合"理论学习体系

2.建立党建责任清单制度

3.打造"互联网+"党员教育平台

4.实施意识形态阵地强化工程

5.构建党群连心桥机制

6.创建整改质量评估体系

系统提示：*需要细化具体内容或调整结构请告知。

第二轮指令：细化"工作成效"模块

用户指令：

请先细化"工作成效"部分，要求每个模块包含3—4项具体措施，数据需要符合逻辑，时间节点明确。按以下示例格式呈现：

1.模块标题

①具体措施（时间+动作+成效）

②……

DeepSeek输出：

一、工作成效

1.政治理论学习体系建设

①3月制定《2024年理论学习实施方案》，建立"总支领学—支部跟学—党员践学"三级机制，组织专题学习12场次，参学率达98%。

②5月创新"晨读夜研"模式，开展清晨微党课36期、夜间研讨会8场，

形成学习心得 152 篇。

③ 7 月建成线上学习平台，累计上传学习资料 48 份，党员人均学习时长超 25 学时。

2. 党组织标准化建设推进

① 4 月完成党支部优化重组，将原有 5 个支部调整为 7 个生产单元党支部，实现组织全覆盖。

② 6 月实施"对标提升"工程，开展标准化建设检查 6 次，整改问题 23 项，创建示范党支部 2 个。

③ 每月 10 日固定开展"三会一课"质量评估，全年规范会议记录 87 份，流程达标率提升至 95%。

3. 党员教育管理创新

① 3 月启动"双培工程"，将 3 名业务骨干发展为党员，4 名党员培养为技术能手。

② 9 月开展"党课开讲啦"活动，组织支部书记交叉授课 7 场，评选优质党课 3 个。

③ 11 月实施党员积分制管理，建立"基础分＋贡献分"考评体系，公示积分榜 12 期。

4. 党风廉政建设深化

① 全年签订廉洁承诺书 63 份，开展警示教育 8 次，组织廉政知识测试 2 场。

② 重要节点发送廉洁提醒 12 次，开展"四风"问题专项检查 4 次，整改问题 7 项。

③ 建立"清风谈话"制度，累计开展谈心谈话 136 人次，化解苗头性问题 3 起。

5. 党建业务融合实践

① 4 月成立"电煤保供党员突击队"，在迎峰度夏期间抢卸冻煤车辆 27 列，创下单日卸车 350 辆纪录。

② 9 月深化"三创三无"活动，创建党员先锋岗 12 个、红旗责任区 4 个，带动装卸效率提升 15%。

③ 11 月打造"丝路先锋"党建品牌，开展中欧班列专项服务行动，协调

解决通关问题 9 项。

（系统提示：内容较长，是否继续生成？用户选择继续）

第三轮指令：补充"党建业务融合实践"案例

用户指令：

"请重点补充'党建业务融合实践'模块，需要包含突击攻坚、品牌创建、岗区建设等要素，虚构 2—3 个典型案例，数据需具体。"

DeepSeek 输出：

5. 党建业务融合实践

①突击攻坚案例：

6 月 12 日，丰镇支部党员连续奋战 18 小时，提前完成 8 列冻煤车解冻作业，保障电厂库存达警戒线以上，避免经济损失约 120 万元。

10 月 8 日，庙梁东货场先锋岗党员研发"五步堆码法"，使集装箱装卸时间缩短 20 分钟/箱，月度吞吐量提升 18%。

②品牌创建案例：

12 月 5 日，联建海关党支部，实现中欧班列查验放行"零等待"，班列准点率提升至 98%，获评集团"年度创新案例"。

③岗区建设案例：

在丰镇货场设立"红旗责任区"，党员带头整治安全隐患 12 处，全年零事故，保险成本下降 10%。

第四轮指令：完善"存在问题"部分

用户指令：

现在需要完善"存在问题"部分，要求每个问题包含具体表现、事例和数据支撑，参照以下格式：

问题标题

具体表现：……（包含数据和事例）

典型事例：如……

DeepSeek 输出：

二、存在问题

1. 理论学习深度不足

具体表现：集中学习研讨仅完成规定动作，42%党员未提交学习心得，3次应知应会测试平均分76分。

典型事例：9月专题研讨会有12名党员发言未结合岗位实际，2个支部学习记录存在后补现象。

2. 责任传导力度不够

具体表现：季度党建考核中，3个支部得分低于85分，2名支委履职考评不达标。

典型事例：丰镇乙班支部"主题党日"活动连续2个月未按时开展，整改通知书延期5天才反馈。

3. 教育形式创新滞后

具体表现：72%的党课仍采用传统讲授模式，线上学习平台活跃度仅35%。

典型事例：11月"微党课"视频点击量不足200次，互动评论仅5条。

4. 意识形态工作薄弱

具体表现：全年仅发布宣传稿件6篇，未覆盖突击队事迹，职工知晓率不足50%。

典型事例：电煤保供突击队抢卸冻煤案例未被报道，职工通过私下交流才得知。

5. 联系群众不够紧密

具体表现：非党员职工参与党建活动比例仅8%，青年职工入党申请量同比下降20%。

典型事例：12月"党群连心日"活动仅有3名群众参与，未达到预期目标。

第五轮指令：生成整改措施表格

用户指令：

"请生成对应的整改措施，要求每条措施包含实施路径、责任主体和预期目标，用表格形式呈现。"

DeepSeek 输出：

三、整改措施

序号	问题项	实施路径	责任主体	完成时限	预期目标
1	理论学习深度不足	1.建立"学研用"三位一体机制；2.实行学习成果季度展评制度。	宣传委员	2025.3	学习心得提交率100%；测试平均分≥85分。
2	责任传导力度不够	1.制定党建责任清单；2.实施"红黄蓝"预警机制。	组织委员	2025.6	支部考核优良率90%以上。
3	教育形式创新滞后	1.开发"互动式党课"课件库；2.设立"学习积分兑换"激励制。	青年委员	2025.4	线上平台活跃度提升至70%。
4	意识形态工作薄弱	1.组建"党建主播团"；2.每月发布《先锋故事》电子刊。	党总支书记	2025.12	宣传稿件数量翻倍，职工知晓率≥80%。
5	联系群众不够紧密	1.设立"党员服务站"；2.推行"1+N"党群结对帮扶。	群工委员	2025.9	非党员活动参与率提升至30%。

第六轮指令：最终整合生成正式报告

用户指令：

"请将以上生成内容整合为正式报告，补充开头结尾，调整语言，使其符合述职报告规范。"

DeepSeek 输出：

2024年度抓党建工作述职报告
××营业部党总支书记
2024年12月

开头：

根据中心党委部署要求，现将2024年度抓党建工作情况述职如下：

一、工作成效

（整合前述细化内容，分模块呈现）

097

二、存在问题

（按问题维度逐条分析，辅以数据案例）

三、整改措施

（以表格形式列明整改路径，责任到人）

结尾：

下一步，我将以党的二十大精神为指引，聚焦问题整改，深化党建与业务融合，持续提升党组织战斗力，为铁路运输高质量发展提供坚强政治保障。

附件：

1. 党建重点任务完成清单
2. 整改措施推进甘特图
3. 典型案例影像资料

【流程总结】

通过六轮交互，DeepSeek 完成：

1. 框架搭建：结构化提纲确保逻辑清晰；
2. 数据填充：合理的数据增强说服力；
3. 案例深化：典型事例让成效"看得见、摸得着"；
4. 问题聚焦：精准定位短板，避免泛泛而谈；
5. 整改闭环：表格化措施明确责任与节点。

最终成果：生成一份 3000 多字的规范述职报告，包含 8 大成效模块、5 类问题剖析、18 项具体整改措施，符合党建述职的标准化要求。

4.2 晋升述职：DeepSeek 包装潜力点打动决策层

凌晨2点，××物流中心副主任攥着鼠标的手心沁出冷汗，投影仪蓝光打在他布满血丝的眼睛里。距离管理岗竞聘答辩还剩36小时，屏幕上跳动着三组撕裂的数据：任期内培养3名科级干部但流失1人，主导的5个创新项目有2项专利还未形成体系，党建融合案例获集团推广但未测算ROI。更致命的是，昨夜党委办领导那句提醒在耳边炸响："晋升述职不是工作汇报，要证明你构建了哪些管理护城河。"

散落的成绩此刻像失控的拼图——安全生产3200天的纪录背后，是23次突击抢险的调度日志；28%的装卸效率提升数据里，藏着15版岗区建设方案迭代痕迹；就连最亮眼的"中欧班列开行量增长155%"，也因缺乏行业标杆对比显得单薄。当Excel里386条管理动作与217条线上审批流程开始重叠时，他毫不犹豫地点开DeepSeek……

第一轮指令：生成框架结构

用户指令：

"生成晋升述职报告核心框架，需包含战略贡献、团队管理、创新突破三大模块，突出管理思维和业务全局观，使用三级标题体系。"

DeepSeek 输出：

晋升述职报告（高级产品经理→产品总监）

一、战略价值输出（2022—2023）

1.1 产品矩阵规划

1.2 商业模式创新

1.3 生态体系建设

二、组织能力建设

2.1 团队架构升级

2.2 人才梯队培养

2.3 跨部门协同机制

三、关键战役突破

3.1 技术攻坚里程碑

3.2 市场扩张成果

3.3 风险化解案例

四、未来战略蓝图

五、晋升价值论证

第二轮指令：填充战略成果

用户指令：

展开战略价值输出章节，要求：

1. 每个子模块提供 2 个具体案例；

2. 使用 STAR-L 模型（情境—任务—行动—结果—学习）；

3. 包含行业对标数据。

DeepSeek 输出：

1.1 产品矩阵规划

案例 1：教育 SaaS 平台重构

情境：市场占有率连续 3 季度停滞在 12%

任务：2023 年实现市场占有率突破 20%

行动：

▶建立 LTV-CAC 动态模型，淘汰 3 款低效产品；

▶推出 AI 智能备课系统（行业首创）。

结果：Q3 市场占有率达 23.7%，ARR 增长 180%。

学习：产品组合需动态适配市场生命周期。

案例 2：企业服务产品线整合

情境：5 条产品线功能重叠率达 40%。

任务：6 个月内降低运营成本 30%。

行动：

▶实施模块化架构设计（复用率提升至 65%）；

▶建立统一账户体系（打通 11 个系统）。

结果：客户续费率从 58% 提升至 82%。

对标：超越行业龙头用友同期增速 15%。

第三轮指令：展示管理能力

用户指令：

生成"组织能力建设"内容，需包含：

1. 团队结构优化（配比变化数据）；

2. 关键人才培养案例（晋升率/流失率）；

3. 跨部门协作机制创新。

DeepSeek 输出：

2.1 团队架构升级

将单一线性结构重组为"铁三角"模型（产品＋技术＋运营）

人才结构变化：

维度	2022	2023
高级人才占比	15%	38%
"90后"管理者	2人	7人
专业认证率	45%	82%

2.2 人才培养体系

实施"北斗计划"：

▶ 累计培养 P7 级以上人才 12 名；

▶ 内部晋升率同比提升 210%；

▶ 关键人才流失率降至 4%（行业平均值为 15%）。

2.3 协同机制创新

建立"三会一报"机制：

▶ 产品技术双周对齐会（解决 83% 需求冲突）；

▶ 季度客户价值研讨会（产生 17 个创新方案）；

▶ 建立跨部门 OKR 共享看板（协作效率提升 40%）。

第四轮指令：制作战略路线图

用户指令：

设计可视化战略规划，要求：

1. 分产品、市场、组织三个维度；

2. 使用"时间轴+里程碑"形式；

3. 包含风险应对预案。

DeepSeek 输出：

四、2024—2025 战略蓝图

产品维度

gantt
title 产品战略路线图
dateFormat　　YYYY-MM
section 核心产品
AI 智能引擎 3.0：active，2024-03，2024-09
｜数据安全加固模块：2024-06，2024-12
section 创新孵化
元宇宙教育场景：2025-01，2025-12
｜硬件生态布局：crit，2025-04，2025-10

市场扩张策略

阶段	目标区域	关键动作	风险预案
Q1—Q2	长三角	建立 3 个标杆客户	储备 2 家替代供应商
Q3—Q4	东南亚	落地本地化运营中心	组建政策研究专项组

组织能力升级

2024Q2：完成管理梯队 2.0（储备总监级人才 5 名）；

2024Q4：通过 CMMI5 级认证（投入预算 150 万元）；

2025 全年：构建产研效能仪表盘（实时监控 30+ 指标）。

第五轮指令：制作晋升价值论证

用户指令：

生成"晋升必要性论证"模块，要求：

1. 个人能力与目标职位的匹配度分析；

2. 历史业绩与未来战略的延续性证明；

3. 使用雷达图展示能力维度。

DeepSeek 输出：

五、晋升价值论证

5.1 能力匹配模型

```mermaid
radarChart
title 能力六维评估（现任 vs 目标岗位）
axis 战略规划，商业洞察，团队管理，创新突破，风险管控，跨域协同
series "当前能力"[9, 8, 8, 9, 7, 8]
series "岗位要求"[9, 9, 9, 8, 8, 8]
section 创新孵化
元宇宙教育场景：2025-01，2025-12
｜硬件生态布局：crit, 2025-04, 2025-10
```

5.2 战略延续性证明

基因延续：主导产品矩阵与公司第二增长曲线高度契合；

资源复用：已建立 200+ 合作伙伴网络可支撑全球化战略；

能力储备：拥有 3 个战略级项目 0-1 落地经验。

5.3 不可替代性分析

唯一同时具备：

▶千万级用户产品操盘经验；

▶技术中台建设成功案例；

▶跨境业务合规落地能力。

掌握稀缺资源：

▶教育行业 TOP5 客户决策链；

▶人工智能领域专利池（7 项授权）。

第六轮指令：整合完整报告

用户指令：

将以下模块整合为晋升述职终稿：

1. 战略价值（含对标数据）；

2. 组织建设（人才结构可视化）；

3. 战略蓝图（甘特图＋表格）；

4. 晋升论证（雷达图）。

要求：补充致辞与总结，添加过渡金句，总字数控制在3500字以内。

DeepSeek 输出：

晋升述职报告（节选）

尊敬的委员会：

我是张薇，现任高级产品经理。过去三年带领团队实现产品线收入从1.2亿元到4.7亿元的跨越……（开篇300字行业洞察陈述）

一、战略级价值创造

1.1 重构商业模型

输出结果创新推出"许可证＋分成"模式，客户终生价值（LTV）提升3.2倍；

输出结果主导行业首个API开放平台，吸引230家开发者入驻。

（穿插金句：在红海市场中，我们不做追随者，而是成为游戏规则的制定者）

二、组织进化工程

```mermaid
pie
title 团队能力分布（2023）
"架构设计" : 28
"数据驱动" : 24
"商业变现" : 32
"创新孵化" : 16
```

三、决胜战役复盘

案例：数据中台攻坚战

背景：原系统无法支持每秒10万次并发请求。

破局：引入边缘计算架构，时延从800ms降至90ms

战果：支撑"双十一"峰值交易，创造单日1.2亿元营收

四、三年战略全景图

（此处插入第五步生成的甘特图与表格）

五、为什么是我？

稀缺性：唯一完成"产品+技术+国际化"三重认证的领导者

预判力：准确预测2021年教育行业政策风险，提前布局企业市场

文化传承：培养的5名骨干已成长为BU负责人

（结尾致谢与展望，约400字）

述职人：张薇
日期：2023年12月20日

第七轮指令：从CEO视角润色

用户指令：

进行高阶润色：

1. 添加3个董事会关注指标［资本回报率（ROIC）、战略对齐度等］；
2. 插入行业权威认证（Gartner评价等）；
3. 增加ESG（环境、社会和公司治理）相关成果。

DeepSeek输出：

【优化示例】

在价值创造方面，ROIC从18%提升至29%（2023年报数据），显著高于行业平均水平的21%。值得关注的是，所有战略举措均通过BSC（平衡计分卡）四维评估，与集团数字化转型战略匹配度达92%……

我们的教育公平项目被Gartner列为亚太区标杆案例，累计赋能乡村教师8.7万人，直接推动公司ESG评级从BB提升至AA……

最终晋升述职报告

通过上述七步生成的报告包含：

1. 战略高度：展现商业洞察与顶层设计能力；
2. 数据穿透力：多层级的量化成果举证体系；
3. 可视化表达：8类专业图表呈现复杂信息；
4. 风险意识：贯穿始终的风控思维展现；
5. 格局升华：ESG与企业公民责任论述。

4.3　跨部门述职：DeepSeek 设计双赢话术破壁垒

晚上 10：30，项目协调员小陈盯着电脑上七个部门的周报数据，屏幕蓝光映着他泛油的脸。微信群里跳出第 8 条催促信息：陈哥，智能仓储组的运营数据对不上采购部的台账。右手边是市场部刚发来的 37 页 PPT，左手边躺着生产部 Excel 里标红的库存预警——这些躺在不同格式、不同系统中的数据，像一筐倒撒的乐高积木。

最要命的是明早 9 点的述职会，领导要求用三个统一（数据口径统一、价值维度统一、成果链条统一）说清跨部门协同成效。小陈翻着笔记本上 234 条碎片记录：促成了 6 次部门联席会议，但沟通成本怎么量化？推动了 3 个流程优化方案，节省的 368 个工时却分散在 5 个系统里。当第 N 次核对数据时，他颤抖着点开 DeepSeek 跨部门述职模块，把七套报表拖进分析框——3 分钟后，系统自动生成《多源数据对齐报告》，标红的 26 处数据冲突突然有了解决方案。

第一轮指令：设定协作场景

用户指令：
生成"跨部门述职报告开场"模板，需包含：
1. 项目名称与跨部门属性；
2. 个人在项目中的核心角色；
3. 协作时长与关键指标变化。
用简明数据对比展现项目价值。

DeepSeek 输出：
跨部门述职报告
项目名称：2023 年智慧园区数据中台建设项目
协作部门：技术中心、商业运营部、客户成功部
述职人角色：跨部门协同负责人
协作周期：2023.3—2023.11（9 个月）
核心指标对比

指标	协作前	当前状态	增幅
需求响应时效	7.2 天	1.5 天	↓ 79%
数据调用准确率	68%	95%	↑ 40%
跨部门 NPS 评分	32 分	84 分	↑ 163%

第二轮指令：构建冲突分析模型

用户指令：

生成"跨部门冲突三维分析"模型，要求：

1. 划分资源争夺 / 流程摩擦 / 认知差异三类冲突；

2. 每个类别提供两个真实案例；

3. 用表格可视化冲突影响等级。

DeepSeek 输出：

二、跨部门协作冲突矩阵

冲突分类与典型案例

```
mermaid
pie
title 冲突类型占比
资源争夺：45
流程摩擦：35
认知差异：20
```

冲突类型	典型案例	影响等级
资源争夺	服务器算力分配争议	★★★★☆
资源争夺	测试环境使用时段冲突	★★★☆☆
流程摩擦	需求变更未经多方确认	★★★★☆
流程摩擦	跨系统数据接口标准不统一	★★★★☆
认知差异	技术部重安全 vs 业务部重效率	★★★☆☆
认知差异	长期规划与短期 KPI 的优先级分歧	★★★★☆

第三轮指令：设计双赢策略

用户指令：

生成基于博弈论的双赢方案，要求：

1. 应用纳什均衡模型设计资源置换方案；

2. 创建价值交换网络图；

3. 提供三套话术模板（日常/冲突/战略场景）。

DeepSeek 输出：

三、协同策略设计

3.1 纳什均衡资源置换模型

技术部提供：

基础数据 API 开放权限

技术白皮书共享

业务部提供：

客户付费意愿分析报告

市场推广资源倾斜

mermaid
graph LR
A［技术部］-->｜开放 API｜B（协同中心）
B -->｜输出联合方案｜C［业务部］
C -->｜反馈商业价值｜A

3.2 三级话术体系

日常协作：

我们可以尝试将需求拆解为技术模块与业务模块同步推进，这是初步的甘特图方案……

冲突调解：

从数据看，方案 A 能带来 80% 的核心价值但需要 3 个月，方案 B 能快速落地但仅覆盖 50% 的需求，建议采用分阶段实施策略……

战略谈判：

如果贵部门能提供测试环境支持，我们承诺在下季度优先开发对贵部门

KPI 影响最大的三个功能模块……

第四轮指令：量化协同成果

用户指令：

制作协同价值仪表盘，要求：

1. 分效率提升/商业价值/组织进化三个维度；

2. 使用组合图表呈现；

3. 包含投入产出比公式。

DeepSeek 输出：

四、协同成效全景图

4.1 效率提升维度

```
mermaid
gantt
title 流程时效优化对比
dateFormat    YYYY-MM-DD
section 需求评审
旧流程：done, des1, 2023-03-01, 7d
新流程：active, des2, 2023-10-01, 2d
```

4.2 商业价值创造

指标	价值量	贡献部门
客户续约率提升	+28%	技术+客户成功
获客成本降低	-37%	业务+技术

4.3 协作 ROI 公式

$$ ROI=\frac{（直接收益+隐性收益）\times 协同系数}{人力成本+机会成本}=\frac{（230万+150万）\times 1.6}{80万}=7.6倍 $$

第五轮指令：沉淀协作机制

用户指令：

生成可复用的协作 SOP（标准操作程序），要求：

1. 冲突预警指标体系；

2. 五步共识达成流程；

3. 利益量化计算模板。

DeepSeek 输出：

五、机制遗产沉淀

5.1　冲突预警信号清单

预警信号	响应动作
邮件沟通占比 >75%	强制安排线下会议
需求变更次数 >5 次 / 迭代	启动需求冻结流程
会议缺席率 >30%	升级至部门负责人协调

5.2　共识达成五步法

1. 利益翻译：将数据安全转化为客户信任度 +83%；

2. 价值探测：绘制资源交换可能性边界曲线；

3. 锚点设置：找到三方共赢的基准方案；

4. 方案迭代：制作 ABC 三版收益对比表；

5. 承诺固化：签订包含双向约束条款的谅解备忘录。

5.3　利益计算模板

csv

模块, 技术部收益, 业务部收益, 协同系数

API 开放, 开发人力节省 30%, 需求响应速度提升 45%, 1.8

数据反馈, 算法准确率优化 12%, 客户满意度提升 9%, 1.2

第六轮指令：设计能力迁移路径

用户指令：

生成协作能力迁移方案，要求：

1. 建立能力雷达图；

2. 设计三步赋能计划；

3. 输出知识传承路线。

DeepSeek 输出：

六、能力迁移计划

6.1 协作能力评估模型

```mermaid
radarChart
title 协作能力六维评估
axis 需求翻译，资源置换，冲突调解，流程设计，价值量化，文化塑造
series 当前水平 [85, 78, 82, 90, 75, 70]
series 目标水平 [90, 85, 88, 92, 85, 80]
```

6.2 三步赋能计划

1. 工具包交付（Q1）：包含 12 个协作模板+5 套话术体系；

2. 工作坊实施（Q2）：3 场跨部门沙盘演练；

3. 陪跑机制（Q3—Q4）：关键项目全程指导。

6.3 知识传承路线

知识类型	传承方式	覆盖人群
隐性经验	案例复盘会	管理层
方法论	内部认证课程	骨干员工
工具模板	知识库共享	全员

第七轮指令：整合终稿

用户指令：

将以下模块整合为正式报告：

1. 冲突分析矩阵；

2. 价值交换网络图；

3. 协同 ROI 公式；

4. 能力迁移雷达图。

要求：补充致辞与展望，插入 3 个协同金句，总字数 3300 字。

DeepSeek 输出：

跨部门述职报告（完整版）

尊敬的协同委员会：

作为智慧园区项目的协同负责人，我带领团队在 9 个月内化解了 23 次重大协作冲突，推动跨部门 NPS 评分从 32 分跃升至 84 分……（开篇 300 字数据亮点展示）。

破壁时刻：数据接口之争

当技术部以安全为由拒绝开放核心 API 时，我们通过数据沙箱＋价值分成模式达成共识：

技术部获得数据安全认证预算。

业务部取得有限数据调用权限。

客户成功部完善服务方案。

（金句：对抗产生损耗，交换创造价值）

协同工具箱落地成效

```mermaid
pie
title 工具使用率
需求矩阵：45
价值计算器：30
冲突温度计：25
```

从项目到生态的进化

三步走战略：

1. 2024 Q1：完成 3 大核心部门的能力移植。

2. 2024 Q3：建立跨部门协作能力认证体系。

3. 2025 全年：输出行业协作标准白皮书。

展望未来：

当每个部门既是价值创造者，又是价值传递者时，组织将迸发出指数级效能。……（结语 300 字升华）

述职人：李知行

日期：2023 年 12 月 15 日

第八轮指令：组织行为学升级

用户指令：

进行高阶润色：

1. 融入托马斯冲突模型；

2. 添加社会网络分析图；

3. 嵌入协同创新公式。

DeepSeek 输出：

理论升级

托马斯 – 基尔曼模型应用：

mermaid
graph TD
A［竞争］--> B［协作］
C［妥协］--> B
D［回避］--> E［适应］

协同创新公式：

$$创新值 =\frac{（技术可行性 \times 商业价值）^{协同系数}}{实施风险}$$

【最终成果】

通过八步生成的报告包含：

1. 冲突解析力：23 个真实冲突场景拆解；

2. 策略工具箱：可直接落地的 5 套协作机制；

3. 价值可视化：18 个专业图表与公式；

4. 理论纵深度：整合 3 大管理理论模型；

5. 文化塑造力：可复制的协作文化构建路径。

该文档已成为公司跨部门协作标准范本，支撑年度 15 个重点项目协同，降低协作成本 41%，真正实现用机制替代博弈，用共识消解对抗的现代协作理念。

第五章
会议纪要——DeepSeek 全场景精准记录

开会是工作中不可避免的一部分，但提到会议纪要，很多人都会头疼：一场会议下来，记了满满几页纸，却还是漏掉了重要的细节；或者干脆没记重点，事后整理起来费时费力。尤其是当会议内容复杂、涉及多种语言或者专业术语时，记录工作更是让人抓狂。

其实，会议纪要没那么难。让我们把记录这件事交给 DeepSeek。通过 DeepSeek 的智能记录技术，不管会议多复杂，它都能帮你准确抓住重点，自动整理内容，让会议纪要变得又快又专业。多种语言交流也好，专业领域的讨论也好，都不在话下。

5.1　行政会议纪要：DeepSeek 提炼政策部署 + 任务分工

2023 年 12 月 8 日 15：00，某市行政中心第三会议室：椭圆会议桌上堆叠着 37 份部门汇报材料，投影幕布显示着《2024 年城市更新行动计划（草案）》，住建局局长正用沙哑的嗓音解读第 16 页："……需完成 18 个老旧小区改造，同步推进智慧社区建设……"分管副市长突然打断："具体资金如何分配？责任部门怎么协同？"参会人员陷入沉默，会议室里只有此起彼伏的翻页声。

作为会议记录人的张主任，其笔记本上凌乱地记录着：

教育局：校舍改造需衔接旧改时序。

财政局：专项债额度需省级批复。

争议点：智慧安防由公安牵头 or 街道办主导？

此时距纪要提交时限仅剩 5 小时，而会议尚未形成明确决议。张主任点开 DeepSeek 行政会议模块，启动智能纪要生成系统……

第一轮指令：生成基础框架

用户指令：

生成行政会议纪要框架，需包含：

1. 会议基本信息（时间/地点/参会人）；

2. 核心议程与政策部署；

3. 争议焦点与决策结论；

4. 任务分解矩阵；

5. 风险预警与应对预案。

要求使用三级标题体系，支持甘特图与表格插入。

DeepSeek 输出：

　　　　2023 年第 12 次城市更新专题会议纪要

一、会议基本信息

1.1　时间地点

1.2　参会人员

1.3　会议主题

二、政策部署要点

2.1　老旧小区改造计划

2.2　智慧社区建设方案

2.3　资金筹措路径

三、重大事项决策

3.1　争议焦点与解决方案

3.2　最终决议事项

四、任务分解矩阵

4.1　重点任务清单

4.2　责任分工甘特图

五、风险预警机制

5.1　风险识别清单

5.2　应急响应预案

第二轮指令：填充会议核心内容

用户指令：

完善"政策部署要点"模块，要求：

1. 每个子项含政策原文摘要与解读要点；

2. 插入三处会议讨论关键语录；

3. 使用对比表格展现新旧政策差异。

DeepSeek 输出：

二、政策部署要点

2.1　老旧小区改造计划

政策摘要：2024年完成18个小区改造（较2023年增加60%），重点解决电梯加装（覆盖率≥80%）、管网更新（全地下化改造）问题。

讨论焦点：

▶住建局王局：本次改造需建立居民共建机制，改造方案公示须在15天以上。

▶ 教育局李处：三所小学位于改造区域，施工需避开教学时段。

维度	2023年标准	2024年新规
资金配比	市财政全额承担	市区5:5分担
验收标准	基础功能达标	引入居民满意度测评

2.2 智慧社区建设方案

技术路线：

1. 搭建市级统一管理平台（2024.6前上线）；

2. 部署AI巡检系统（覆盖100%公共区域）；

3. 建立数据共享机制（打通7个部门系统）。

争议记录：

▶ 公安局刘支队长：视频数据应由公安统一管理；

▶ 街道办陈主任：日常运维需属地化操作。

2.3 资金筹措路径

创新模式：

1. 发行专项债券（目标30亿元）；

2. 引入社会资本（PPP项目占比≥40%）；

3. 设立城市更新基金（首期规模5亿元）。

第三轮指令：构建任务分解矩阵

用户指令：

生成任务分解表，要求：

1. 划分规划/建设/运维三阶段；

2. 各任务明确主责/协办单位；

3. 包含量化验收标准。

DeepSeek输出：

四、任务分解矩阵

4.1 重点任务清单

序号	任务名称	主责单位	协办单位	关键节点	验收标准
1	改造方案公示	住建局	街道办	2024.1.20	居民知晓率≥90%
2	电梯采购安装	市政集团	市场监管局	2024.3.31	通过特种设备验收
3	智慧平台开发	大数据局	公安局、电信	2024.5.30	日均处理事件≥200件

4.2 实施甘特图

```
mermaid
gantt
title 城市更新项目里程碑
dateFormat  YYYY-MM-DD
section 规划阶段
需求调研：active, 20240101, 30d
方案评审：crit, 20240201, 14d
section 建设阶段
主体施工：20240315, 90d
设备安装：20240501, 60d
section 运维阶段
系统联调：20240701, 30d
竣工验收：20240801, 21d
```

第四轮指令：风险预警建模

用户指令：

生成风险管控模块，要求：

1. 识别政策/资金/技术三类风险；

2. 每类提供两个具体场景；

3. 制定五级应急响应机制。

DeepSeek 输出：

五、风险预警机制

5.1 风险识别清单

风险类型	风险场景	影响等级	预警指标
政策风险	专项债审批延迟	★★★★☆	省级批复超时15天
资金风险	社会资本退出	★★★☆☆	PPP签约率<30%
技术风险	系统数据对接失败	★★★★☆	接口调试错误率>5%

5.2 应急响应预案

五级响应机制：

1. 蓝色预警（日常监测）：责任单位自查；

2. 黄色预警（单项超标）：成立专项工作组；

3. 橙色预警（多指标异常）：启动联席调度；

4. 红色预警（项目停滞）：上报市长办公会；

5. 黑色预警（重大事故）：启用备用资金池。

第五轮指令：生成完整纪要

用户指令：

整合以下模块为正式纪要：

1. 政策对比表格；

2. 任务甘特图；

3. 风险响应机制。

要求补充参会名单、文号、密级，总字数3500字。

DeepSeek输出：

××市人民政府专题会议纪要

〔2023〕12号　秘密★1年

一、会议基本信息

时间：2023年12月8日14：30—17：30

地点：市行政中心第三会议室

主持：副市长李××

出席：

住建局、财政局、大数据局等12个部门主要负责人

市政集团、电信公司等 6 家企业代表

二、核心决策事项（节选）

2.3 资金筹措路径创新

```mermaid
pie
title 资金来源构成
专项债：45
社会资本：35
市级财政：20
```

三、任务督办要求

三级督办机制：

1. 周报：主责单位每周五 17：00 前报送进展

2. 月调度：副市长每月第一周召开协调会

3. 季考核：纳入部门年度绩效考核指标体系

附件：

1.《2024 年城市更新重点项目清单》

2.《智慧社区数据共享协议（模板）》

3.《风险应急处置流程图》

主送：各参会单位

抄送：市委办公厅、市政府督查室

签发人：李××

2023 年 12 月 8 日

第六轮指令：政务公文升级

用户指令：

进行高阶润色：

1. 添加红头文件格式要素；

2. 插入引用的政府工作报告；

3. 补充人大监督条款。

DeepSeek 输出：

【添加于纪要首部】

引用文件：

根据《××市国民经济和社会发展第十四个五年规划纲要》《2024年市政府工作报告》部署要求……

【插入监督条款】

人大监督：

1.定期向市人大城建环保委汇报进展；

2.每季度组织人大代表现场视察；

3.年度实施情况纳入人大专题询问。

【最终成果】

通过六步生成的行政会议纪要包含：

1.政策穿透力：新旧标准对比表+三级解读体系；

2.任务可视化：甘特图与矩阵表双重管控；

3.风险预判性：五级响应机制+12个预警指标；

4.政务规范性：完整文号体系+密级标识；

5.监督闭环性：人大、政协监督条款嵌入。

该纪要作为模板在全市推广，实现会议决策转化效率提升70%，任务逾期率下降至3%以内，完美实现会议有声、落实有痕的行政管理目标。

5.2 商务会议纪要：DeepSeek 生成合作条款 + 责任清单

深夜 11 点，××科技战略合作部经理王磊盯着电脑屏幕上零散的会议记录，眉头紧锁。在 6 小时前结束的跨国合作洽谈会上，双方就"智能仓储联合研发项目"达成初步合作意向，但对关键条款仍存在分歧：技术接口标准未统一、知识产权归属模糊、交付节点争议……更紧迫的是，CEO 要求 2 小时内输出正式会议纪要，明确合作框架与责任清单。

王磊的笔记本上潦草地记录着：

德方要求 API 开放权限分级管控；

中方提议首期交付 6 个核心算法模块；

争议焦点：数据跨境传输合规方案；

未决事项：违约赔偿比例（5% vs 8%）。

面对散落的 37 条讨论要点和 12 项待确认条款，他点开了 DeepSeek 商务会议模块，启动 AI 协同记录。

第一轮指令：生成纪要框架

用户指令：

请生成商务会议纪要框架，需包含以下核心模块：

1. 会议基本信息（时间、地点、参与方）；

2. 合作目标与范围；

3. 已达成共识条款；

4. 待决议事项；

5. 责任分工与时间节点；

6. 附件（技术附录/法律声明）。

要求：使用三级标题体系，条款分类清晰，预留数据填充位置。

DeepSeek 输出：

中德智能仓储联合研发项目会议纪要

2024年3月15日

一、会议基本信息

1.1 时间：2024年3月15日14：00—17：00

1.2 地点：柏林××科技大厦B座会议室（线上同步）

1.3 参与方：

▶甲方：××科技（中国）

首席技术官　张伟

法务总监　李娜

▶乙方：SmartLogistics AG（德国）

CTO　Dr. Schmidt

合规主管　Julia Müller

二、合作目标与范围

2.1 目标：联合开发智能仓储AI调度系统（项目代号：Hermes）

2.2 范围：

①算法研发：库存预测、路径优化、异常检测

②系统集成：中控平台+AGV调度模块

③数据治理：跨境传输合规框架

三、已达成共识条款（详见附件1）

3.1 技术标准

3.2 知识产权分配

3.3 阶段性交付物

3.4 预算与支付方式

四、待决议事项

4.1 数据主权归属

4.2 违约赔偿责任

4.3 第三方审计权限

五、责任分工与节点

5.1 甲方职责

5.2 乙方职责

5.3 联合工作组机制

六、附件清单

6.1 技术接口规范（草案）

6.2 保密协议（V2.3）

系统提示：请补充具体条款内容或调整框架层级。

第二轮指令：填充共识条款

用户指令：

细化第三部分"已达成共识条款"，要求：

1. 每个子条款包含具体内容、执行标准、约束条件；

2. 使用条款编号体系（如 3.1.1）；

3. 关键数据用【】标注待确认值。

DeepSeek 输出：

三、已达成共识条款

3.1 技术标准

3.1.1 接口协议：采用 Restful API 3.0 标准，响应时延 ≤【200ms】

3.1.2 数据格式：JSON 结构包含 6 类必选字段（见附件 1.2）

3.1.3 兼容性：支持与 KUKA/ABB 主流 AGV 控制系统对接

3.2 知识产权分配

3.2.1 基础算法：双方共有专利权，商业化收益按 5:5 分配

3.2.2 衍生技术：改进方享有 70% 所有权

3.2.3 开源组件：须经联合技术委员会审批

3.3 阶段性交付物

▶ 2024.6.30：完成库存预测模型 V1.0（准确率 ≥ 85%）；

▶ 2024.9.30：AGV 调度模块通过 2000 小时压力测试；

▶ 2025.3.31：全系统交付并上线三个试点仓库。

3.4 预算与支付方式

3.4.1 总预算：€【2800000】（含 15% contingency）

3.4.2 里程碑支付：首款 30% 于合同签署后 10 个工作日内支付

第三轮指令：制定责任清单

用户指令：

生成第五部分"责任分工"，要求：

1. 分甲方、乙方、联合工作组三类主体；

2. 每项任务包含输出物、责任人、节点；

3. 用表格呈现，添加状态跟踪列。

DeepSeek 输出：

五、责任分工与节点

任务项	责任方	输出物	截止日期	状态跟踪
API权限分级方案设计	乙方	权限矩阵表（V1.0）	2024.4.5	待甲方评审
数据脱敏工具开发	甲方	脱敏SDK+测试报告	2024.5.20	开发中
跨境传输合规认证	工作组	GDPR合规证书	2024.7.15	需法务协同
首期算法模块交付	甲方	库存预测模型包	2024.6.30	需求冻结
德方测试环境部署	乙方	云服务器配置清单	2024.5.10	资源申请中

第四轮指令：处理待决议事项

用户指令：

完善第四部分"待决议事项"，要求：

1. 每个事项列明双方立场与争议点；

2. 添加"临时解决方案"与"后续协商机制"；

3. 使用注释说明法律风险。

DeepSeek 输出：

四、待决议事项

4.1 数据主权归属

▶ 甲方立场：原始数据提供方保留所有权（依据《中华人民共和国数据安全法》第21条）；

▶ 乙方立场：衍生数据需共享使用权（援引欧盟《数据治理法案》草案）；

▶ 临时方案：设立数据沙箱供联合建模，原始数据不跨境。

※ 风险提示：需评估两国数据出境新规（2024.Q2生效）。

4.2 违约赔偿责任

▶ 争议焦点：延迟交付罚金比例（甲方主张8%/周，乙方接受5%/周）；

▶ 协商机制：委托第三方机构（普华永道）核算实际损失模型。

4.3 第三方审计权限

▶ 僵局点：乙方拒绝开放核心算法源代码审计；

▶ 折中方案：提供黑盒测试报告+部分模块白皮书。

第五轮指令：生成附件模板

用户指令：

创建附件1"技术接口规范"模板，包含：

1. 通信协议标准（必选/可选字段）；

2. 性能指标阈值；

3. 异常处理流程。

要求：使用技术文档格式，分章节编号。

DeepSeek输出：

附件1：Hermes项目技术接口规范（草案）

1. 通信协议

1.1 必选字段

request_id：全局唯一标识符（UUIDv4）

timestamp：ISO 8601格式（精确至毫秒）

1.2 可选字段

debug_mode：取值范围【0/1】，默认0

2. 性能指标

2.1 吞吐量：≥500 TPS（每秒事务处理量）

2.2 时延：P95 ≤ 200ms

3. 异常代码表

错误码	含义	处理建议
4001	权限校验失败	检查 API 密钥有效期
5003	数据格式非法	验证 JSON Schema

第六轮指令：整合正式纪要

用户指令：

将以下内容整合为正式会议纪要：

1. 框架（含基本信息）；

2. 共识条款与责任清单；

3. 待决议事项与附件。

要求：补充前言与总结段，语言符合商务公文规范，总字数控制在 3000 字以内。

DeepSeek 输出：

中德智能仓储联合研发项目会议纪要
（2024 年 3 月 15 日第一轮磋商）

前言：

为推进智能仓储技术全球化合作，××科技（甲方）与 SmartLogistics AG（乙方）于 2024 年 3 月 15 日举行首轮商务洽谈，就 Hermes 项目合作框架达成阶段性共识。本纪要经双方授权代表确认，作为后续合同起草的基础文件。

正文：

（整合前文所有模块，略）

总结与下一步：

双方同意于 2024 年 3 月 22 日前完成待决议事项表决，并授权联合工作组在 4 月 1 日前输出最终版合作协议。本次会议成果标志着中德工业 AI 合作进入实质性落地阶段。

签署：

甲方代表：_____

乙方代表：_____

日期：2024 年 3 月 15 日

附件：

1. 技术接口规范（草案）

2. 保密协议（V2.3）

3. 里程碑计划甘特图

第七轮指令：CEO 视角润色

用户指令：

进行高阶润色：

1. 添加战略价值论述（市场占有率/技术壁垒）；

2. 插入合规性声明（GDPR/《中华人民共和国数据安全法》）；

3. 增加风险管控附录（含 SWOT 分析）。

DeepSeek 输出：

优化版摘要

战略价值：Hermes 项目将助力甲方抢占欧洲智能仓储市场 12% 份额（据 LogisticsIQ 预测），并构建"算法—硬件—数据"三维技术护城河。

合规声明：本合作严格遵循中国《数据出境安全评估办法》与欧盟 GDPR 第 44—50 条，所有数据传输行为均需通过双方法务联合审批。

风险附录：

S（优势）：双方专利组合覆盖 AGV 调度核心算法

W（劣势）：德方缺乏中文语义理解技术储备

O（机会）：欧盟 2025 年强制仓储自动化改造政策

T（威胁）：美国同类技术出口管制风险

【流程总结】

通过七轮交互，DeepSeek 完成：

1. 框架标准化：确保内容符合国际商务纪要规范；

2. 条款结构化：将争议焦点转化为可执行条款；

3. 责任显性化：通过表格实现任务追踪可视化；

4. 风险预置：标注法律与技术风险点；

5. 战略升维：添加高层关注的市场与合规论述。

最终成果：生成一份 3200 字的专业会议纪要，涵盖 17 项合作条款、23 条责任清单、5 级风险管控体系，支持一键导出为 Word/PDF 格式，满足跨国合作法律效力要求。

5.3 技术会议纪要：DeepSeek 秒转专业术语为执行步骤

凌晨 1 点，××科技 AI 实验室高级工程师陈默盯着电脑屏幕，眼前是长达 4 小时的"分布式机器学习框架优化"技术讨论会录音文件。会议涉及 17 项技术提案、32 个专业术语缩写（如 FLOPs、QPS、容错回滚机制），以及散落的代码片段和性能测试数据。CTO 的最后一句话在耳边回响："明天上午必须输出会议纪要，所有技术方案必须拆解为可执行的开发步骤，研发团队按此推进。"

陈默的笔记本上凌乱地记录着关键争议点：

是否采用异步梯度更新策略（牺牲精度换吞吐量）？

如何平衡模型并行与数据并行的资源分配？

容灾方案选择：Checkpoint 快照 or 动态负载迁移？

未验证假设：分布式环境下 BN 层同步误差对收敛速度的影响。

面对满屏的 PyTorch 代码、性能曲线图和学术论文引用，陈默激活了 DeepSeek 技术会议模块。

第一轮指令：生成纪要框架

用户指令：

生成技术会议纪要框架，需包含以下模块：

1. 会议基本信息（时间、参与方、核心议题）；

2. 技术方案决议；

3. 任务分解与执行步骤；

4. 性能指标与验收标准；

5. 风险项与应对预案；

6. 附件（技术规范/测试用例）。

要求：使用四级标题体系，预留代码块和表格插入位。

DeepSeek 输出：

分布式机器学习框架优化会议纪要
2024 年 6 月 10 日

一、会议基本信息

1.1 时间：2024 年 6 月 10 日 09：00—13：00

1.2 参与方：

▶ AI 实验室：陈默（负责人）、张涛（算法）、李娜（系统架构）

▶ 基础设施部：王磊（资源调度）、赵敏（运维）

1.3 核心议题：

①分布式训练加速方案选型

②容错机制设计与实现路径

③资源利用率优化策略

二、技术方案决议

2.1 梯度更新策略

2.2 并行计算架构

2.3 容灾恢复方案

三、任务分解与执行步骤

3.1 开发阶段划分

3.2 模块对接规范

3.3 联调测试计划

四、性能指标与验收标准

4.1 吞吐量基准

4.2 容错恢复耗时

4.3 资源占用率

五、风险项与应对预案

5.1 技术可行性风险

5.2 版本兼容性风险

5.3 性能衰减风险

六、附件

6.1 分布式训练接口规范 V0.5

6.2 压力测试用例集

系统提示：是否细化技术方案细节？

第二轮指令：转化技术术语为执行步骤

用户指令：

将以下技术提案转化为可执行步骤：

1. 采用"异步梯度更新＋动态权重补偿"策略；

2. 实现混合并行架构（数据并行 70%＋模型并行 30%）；

3. 容灾方案选择 Checkpoint 快照（间隔 ≤ 5 分钟）。

要求：

1. 每个方案分解为三层步骤（设计→开发→验证）；

2. 使用代码块标注关键算法逻辑；

3. 添加资源需求说明。

DeepSeek 输出：

二、技术方案决议

2.1 梯度更新策略

执行步骤：

①设计阶段（6.11—6.15）

定义权重补偿公式：

```python
def dynamic_compensation（grad_diff）：
return 0.3 * torch.norm（grad_diff）* learning_rate
确定异步通信协议（gRPC 长连接）
```

② 开发阶段（6.16—6.25）

实现梯度差分监测模块（资源：2 台 8 卡 A100 测试机）

集成 NCCL 库 v2.18+

③验证阶段（6.26—6.28）

对比测试：ResNet50 在 ImageNet 上的收敛曲线

验收标准：精度下降 ≤ 0.5%，吞吐量提升 ≥ 40%

2.2 并行计算架构

执行步骤：

① 设计阶段

划分模型层为数据并行组（Conv 层）与模型并行组（Attention 层）

② 开发阶段

修改分布式初始化逻辑：

```python
dist.init_process_group（backend='nccl',
            partition_strategy='hybrid'）
```

资源配置：数据并行组分配 4 台节点，模型并行组分配 2 台节点

③ 验证阶段

压力测试：10 亿参数模型训练，显存占用波动 ≤ 15%

（系统提示：内容较长，是否继续生成？用户选择继续）

第三轮指令：制定性能验收标准

用户指令：

生成第四部分"性能指标"，要求：

1. 分训练效率、系统稳定性、资源效率三个维度；

2. 每个维度包含量化指标与测试方法；

3. 使用表格对比优化前后数据。

DeepSeek 输出：

四、性能指标与验收标准

维度	指标项	优化前基准	目标值	测试方法
训练效率	单卡吞吐（images/s）	120	≥ 180	固定 batch_size=128 连续运行 1h
	跨节点通信延迟	350ms	≤ 200ms	pingflood 测试 100 万次包
系统稳定性	Checkpoint 恢复耗时	8min	≤ 3min	模拟断点后全量恢复
	故障切换成功率	82%	≥ 98%	随机 kill 10% 进程

续表

维度	指标项	优化前基准	目标值	测试方法
资源效率	GPU利用率峰值	65%	≥85%	DCGM监控24h
	网络带宽占用率	93%	≤75%	iftop采样训练高峰期

第四轮指令：生成风险管控表

用户指令：

完善第五部分"风险项"，要求：

1. 每个风险项包含发生概率（高/中/低）、影响程度、应对动作；

2. 添加技术验证里程碑节点；

3. 使用颜色标记紧急程度。

DeepSeek输出：

五、风险项与应对预案

风险描述	概率	影响	应对措施	验证节点	状态
动态补偿导致梯度爆炸（红色）	中	高	增加梯度裁剪模块	6.20原型测试	待验证
混合并行内存溢出（黄色）	高	中	优化张量切片策略	6.25压力测试	开发中
NCCL版本不兼容（橙色）	低	高	锁定V 2.18并提交Docker镜像	6.15集成测试	已解决

第五轮指令：生成技术附件

用户指令：

创建附件1"接口规范"，要求：

1. 定义三个核心API的输入输出格式；

2. 包含异常状态码定义；

3. 使用markdown代码块展示示例请求。

DeepSeek输出：

附件1：分布式训练接口规范V0.5

1.梯度同步接口

```python
POST /api/gradient_sync
Request Body：
{
    "model_id"："resnet50-20240610",
    "shard_id"：3,
    "gradients"：[0.34, -1.2, ..., 0.78] #FP32 Tensor
}
Response Code：
200：Success
403：Shard version conflict
```

2.节点健康监测接口

```bash
GET /api/health_check? node_id=5
Response：
{
    "gpu_util"：76.5,
    "net_io"："1.2Gbps/800Mbps"
}
```

第六轮指令：整合正式纪要

用户指令：

将以下内容整合为正式会议纪要：

1.框架与方案决议；

2.执行步骤与验收标准；

3.风险项与附件。

要求：添加技术术语索引表，总字数控制在3000字以内。

DeepSeek输出：

分布式机器学习框架优化会议纪要
（2024年6月10日技术决策会）

前言：

为攻克千亿参数模型分布式训练效率瓶颈，AI实验室联合基础设施部召开专项技术讨论会，形成以下决议方案，作为V3.1框架升级的开发依据。

正文：

（整合前文所有模块，略）

附录：

技术术语索引表

术语	全称	定义
FLOPs	Floating Point Operations	每秒浮点运算数，衡量计算吞吐量
QPS	Queries Per Second	系统每秒处理查询数
BN层同步	Batch Normalization Sync	跨节点批量归一化参数对齐机制

签署：

技术负责人：_____

日期：2024年6月10日

附件：

1. 分布式训练接口规范 V0.5
2. 压力测试用例集（含12个边界场景）
3. 资源分配甘特图

第七轮指令：CTO视角优化

用户指令：

进行高阶润色：

1. 添加技术趋势分析（引用MLPerf榜单数据）；
2. 插入专利布局说明；
3. 增加创新性评估（对比Google/Meta方案）。

DeepSeek输出：

优化版亮点

技术竞争力：

本方案采用的动态补偿算法，在 MLPerf v3.0 测试中较基线方案提升吞吐量 42%（同参数规模下）；

创新混合并行架构已申请发明专利（公开号：CN202410567890.1），解决传统架构显存墙问题。

横向对比：

方案维度	本方案	Google TF-2.15	Meta FairScale
故障恢复耗时	2.8min	4.5min	3.2min
千亿模型支持	是（8节点）	否（16节点）	是（12节点）
开源协议	Apache 2.0	Proprietary	MIT

【流程总结】

通过七轮交互，DeepSeek 完成：

1. 术语降维：将学术概念转化为可执行代码块；

2. 任务原子化：拆解复杂方案为 300+ 行具体步骤；

3. 风险显性化：通过概率矩阵定位技术悬崖；

4. 标准化输出：生成可直接提交 GitHub 的接口规范；

5. 战略对齐：嵌入行业对标数据与专利布局说明。

最终成果：生成一份 3280 字的技术会议纪要，包含 9 项技术决议、47 个执行步骤、12 个验收用例，支持一键同步至 JIRA 生成开发工单，误差率低于人工记录 83%。

5.4　学术会议纪要：DeepSeek 整理核心观点 + 研究争议点

深夜 12 点，××大学生物医学研究院博士后林然盯着电脑屏幕上满屏的会议录音文稿，重重叹了一口气。6 小时前结束的"肿瘤免疫治疗前沿研讨会"上，来自 6 个国家的学者围绕"CAR-T 细胞疗法的耐药性机制"展开激烈辩论，但关键论点散落在 47 段发言、12 篇预印本引用和 3 组矛盾实验数据中。更紧迫的是，导师要求次日提交一份结构化会议纪要，需清晰梳理核心观点、争议焦点及合作研究方向，作为基金申请的核心依据。

林然的笔记是碎片化的记录：

哈佛团队主张表观遗传调控是耐药主因（支持数据：单细胞测序显示 DNA 甲基化异常）；

慕尼黑大学反驳称微环境代谢失衡才是关键（小鼠模型显示乳酸浓度与疗效呈负相关）；

未达成共识：联合靶向策略的优先顺序（表观药物 vs 代谢抑制剂）；

争议焦点：临床数据解读偏差（回顾性研究 vs RCT）。

面对混杂的学术术语、冲突的结论与未经验证的假设，林然决定用 DeepSeek 快速高质量生成会议纪要。

第一轮指令：生成纪要框架

用户指令：

生成学术会议纪要框架，需包含以下模块：

1. 会议基本信息（时间、形式、参与机构）；

2. 核心研究观点（按主题分类）；

3. 关键争议点与对立论据；

4. 未解科学问题；

5. 合作研究倡议；

6. 附录（参考文献/数据附录）。

要求：使用三级标题体系，支持插入图表与公式。

DeepSeek 输出：

2024 年肿瘤免疫治疗前沿研讨会纪要

2024 年 9 月 20 日

一、会议基本信息

1.1　时间：2024 年 9 月 20 日 08：30—18：00（GMT+8）

1.2　形式：线上（Zoom）+ 线下（××大学报告厅）

1.3　参与机构：

▶哈佛医学院

▶慕尼黑大学肿瘤中心

▶中国科学院上海药物研究所

▶纪念斯隆-凯特琳癌症中心

▶东京大学免疫学研究科

二、核心研究观点

2.1　耐药性机制假说

2.2　新型联合治疗策略

2.3　临床转化挑战

三、关键争议点

3.1　表观遗传调控 vs 代谢微环境

3.2　临床研究设计方法论

3.3　生物标志物选择标准

四、未解科学问题

4.1　耐药性的时空异质性

4.2　脱靶毒性的预测模型

4.3　成本效益平衡点

五、合作倡议

5.1　多中心临床队列建设

5.2　标准化模型构建

5.3　数据共享平台

六、附录

6.1　参考文献（APA 格式）

6.2 争议数据对比表

系统提示：是否需要按研究团队分类观点？

第二轮指令：结构化核心观点

用户指令：

细化第二部分"核心研究观点"，要求：

1. 每个主题下分团队陈述（机构＋主要研究者）；

2. 包含理论模型、关键数据及结论；

3. 使用 LaTe× 标注公式与统计学指标。

DeepSeek 输出：

二、核心研究观点

2.1 耐药性机制假说

哈佛医学院（Prof. Smith）

理论模型：表观遗传沉默导致 CAR-T 细胞耗竭

关键数据：单细胞 ATAC-seq 显示耐药组染色质可及性下降（$p=0.003$，Cohen's $d=1.2$）

结论：HDAC 抑制剂可逆转 T 细胞功能障碍

慕尼黑大学（Dr. Wagner）

理论模型：乳酸堆积抑制线粒体氧化磷酸化

关键数据：

$$ \text{ 疗效 }=-0.78 \times [\text{ 乳酸 }] +1.2 \quad (R^2=0.91) $$

结论：靶向 MCT4 转运体可改善微环境

2.2 新型联合治疗策略

中国科学院上海药物研究所（李教授）

方案：表观药物（西达本胺）＋代谢调节剂（二甲双胍）

临床前数据：小鼠 OS 延长 62%（$p<0.001$）

争议点：最佳给药时序未明确

（系统提示：是否继续生成其他团队观点？用户选择展开）

第三轮指令：对比争议焦点

用户指令：

生成第三部分"关键争议点"，要求：

1. 每个争议点分正反方呈现论据；

2. 添加实验复现性评估；

3. 使用表格对比数据可靠性指标。

DeepSeek 输出：

三、关键争议点

3.1 表观遗传调控 vs 代谢微环境

维度	正方（哈佛）	反方（慕尼黑）
核心证据	单细胞多组学聚类分析	代谢组-疗效相关性模型
可重复性	三个独立实验室验证（成功率100%）	2/5 团队未能复现乳酸浓度阈值
局限性	未解释微环境空间异质性	未控制宿主菌群干扰因素

3.2 临床研究设计方法论

争议焦点：回顾性研究能否指导联合治疗设计？

支持方（纪念斯隆-凯特琳癌症中心）：真实世界数据反映临床复杂性（n=1,237，HR=0.63）

反对方（东京大学）：混杂因素导致偏倚（I^2=89%）

第四轮指令：定义未解问题

用户指令：

完善第四部分"未解科学问题"，要求：

1. 每个问题包含现有障碍与研究价值；

2. 添加技术路线建议；

3. 使用时间成本—效益矩阵评估优先级。

DeepSeek 输出：

四、未解科学问题

4.1 耐药性的时空异质性

障碍：单时间点活检无法捕获动态演化

建议路线：液体活检＋影像组学动态监测

优先级：（高临床价值，技术成熟度70%）

4.2　脱靶毒性的预测模型

障碍：现有模型AUC仅0.65—0.72

建议路线：整合类器官芯片与AI毒性预测

优先级：（中风险，需跨学科协作）

第五轮指令：生成参考文献

用户指令：

创建附录1"参考文献"，要求：

1. 包含会议提及的五篇关键论文；

2. 使用APA第七版格式；

3. 添加影响因子与被引次数。

DeepSeek输出：

六、附录

6.1　参考文献（APA格式）

1. Smith, J. et al.（2023）. *Epigenetic silencing in CAR-T resistance*. Cell, 186（5）, 1200–1215.

　　IF：66.85 | Citations：142

2. Wagner, F. et al.（2024）. *Lactate-driven T cell e×haustion*. Nature Immunology, 25（3）, 334–345.

　　IF：58.12 | Citations：89

3. Li, ×. et al.（2024）. *Combination therapy in B-cell lymphoma*. Blood, 143（10）, 1123–1135.

　　IF：25.47 | Citations：37

第六轮指令：整合正式纪要

用户指令：

将以下内容整合为正式学术会议纪要：

1. 框架与核心观点；

2. 争议点对比分析；

3. 合作倡议与附录。

要求：添加学术伦理声明，总字数控制在 3200 字以内。

DeepSeek 输出：

2024 年肿瘤免疫治疗前沿研讨会纪要
（CAR-T 耐药性机制专题）

前言：

本次研讨会汇聚全球六国顶尖团队，就 CAR-T 细胞治疗耐药性机制展开深度研讨，旨在形成跨学科研究共识。本纪要经全体参会者审阅，作为领域研究路线图草案。

正文：

（整合前文所有模块，略）

学术伦理声明

本纪要所述数据均已获得原始研究团队授权，临床数据引用符合《赫尔辛基宣言》规范。

签署：

学术委员会主席：_____
日期：2024 年 9 月 20 日

附件：

1. 参考文献（12 篇核心论文）

2. 争议数据对比表（含统计检验结果）

3. 合作研究意向书模板

第七轮指令：期刊编辑润色

用户指令：

进行高阶润色：

1. 添加领域权威评论（引自 *Nature Reviews Immunology*）；

2. 插入研究创新性评分（使用 Consensus 评分系统）；

3. 增加基金申请关联性分析。

DeepSeek 输出：

优化版增补

权威评论：

"本次会议聚焦的代谢-表观交互作用，可能改写第三代 CAR-T 设计范式。"——*Nature Reviews Immunology* 2024 年 8 月社论

创新性评估：

研究维度	创新得分（/10）	风险评估
动态监测技术	8.5	中
联合靶向策略	7.2	高

基金关联性：

美国 NIH R01 计划（肿瘤微环境方向，2025 年指南新增条目）

中国 NSFC 重大研究计划（细胞治疗耐药性，代码 H3456）

【流程总结】

通过七轮交互，DeepSeek 完成：

1. 观点聚类：将碎片化讨论转化为理论树状图；
2. 争议显性化：构建正反方证据对抗矩阵；
3. 技术路线图：定义未解问题的攻关路径；
4. 学术合规：自动生成伦理声明与标准化引用；
5. 战略赋能：嵌入基金申请与创新评估体系。

最终成果：生成一份 3350 字的学术会议纪要，涵盖 23 项核心观点、9 大争议焦点、5 条合作倡议，支持一键导出 LaTe×/Overleaf 模板，被 *JAMA Oncology* 等期刊采纳为会议成果白皮书。

第六章

请示/批复——DeepSeek 分类型沟通术

在职场里，写请示和批复几乎是每天都要面对的事情。一个清晰明了的请示，可以让上级快速明白你的需求和想法，而一条明确的批复，也能让下属知道接下来该怎么干。可很多时候，这两件事却并不像听起来那么简单——请示写了一大堆，上级却抓不到重点；批复回复得模棱两可，下面的人也干得一头雾水。这些沟通中的小问题常常让人头疼不已。

第六章"请示/批复——DeepSeek 分类型沟通术"就来聊聊，怎么把这些事处理得又快又好。DeepSeek 通过智能分类和精准识别，能帮你把请示梳理得更清楚、把批复写得更有条理，让你少浪费时间，多解决问题。无论是复杂的工作汇报，还是简单的日常审批，都能做到既高效又准确。

6.1　项目延期请示：DeepSeek把"锅"变"客观困难"话术

凌晨1点，××科技智慧城市项目部经理赵磊盯着项目进度表，手心沁出冷汗。距离"城市大脑"项目一期交付仅剩10天，但核心模块——交通流量预测系统的验收测试仍未通过。笔记本上密密麻麻标注着风险点：

关键堵点：高精度地图供应商延迟2周交付数据；

技术瓶颈：路侧设备协议兼容性问题导致30%的数据丢包；

政策突变：市交管局临时要求新增隐私保护合规模块；

客户施压：甲方已发出书面警告，逾期交付将触发单日0.5%合同额的违约金。

更棘手的是，项目周报显示团队连续3周加班时长超过法定劳动时长120%，已有2名核心开发人员提出离职。赵磊深吸一口气，点开DeepSeek项目延期模块，启动"客观归因"模式。

第一轮指令：生成请示框架

用户指令：
生成项目延期申请框架，须包含：
1.项目背景与当前进度；
2.延期原因分析（分为内部/外部因素）；
3.影响评估（客户/成本/商誉）；
4.申请内容（新时间线/资源需求）；
5.补救措施与风险管控。
要求：使用三级标题体系，预留数据占位符和法律条款引用位。
DeepSeek输出：
关于"城市大脑"项目一期交付延期的紧急申请
（2024年第3季度重大项目管理预案）

一、项目进展通报

1.1 当前里程碑达成率：73%

1.2 关键路径阻塞点：交通流量预测系统联调失败

二、延期原因分析

2.1 供应链不可抗力（地图数据延迟）

2.2 第三方技术依赖（路侧设备协议冲突）

2.3 政策合规新增需求（隐私保护模块）

三、综合影响评估

3.1 客户关系风险

3.2 财务损失测算

3.3 团队稳定性预警

四、正式申请内容

4.1 新交付时间线申请

4.2 追加资源需求清单

五、补救行动计划

5.1 并行开发方案

5.2 供应商追责机制

5.3 客户沟通策略

附件：

1. 供应商违约通知函

2. 交管局新增需求文件

3. 系统联调失败日志

系统提示：检测到主观责任风险，建议增强外部归因论证。

第二轮指令：构建"铁证链"

用户指令：

填充第二部分"延期原因分析"，要求：

1. 每个原因提供3个证据层（书面文件/数据日志/第三方证明）；

2. 使用时间轴对比图展示责任归属；

3. 引用合同不可抗力条款。

DeepSeek 输出：

二、延期原因分析

2.1 供应链不可抗力

证据链：

▶ 书面证据：高德地图《数据交付延迟通知》(2024年8月15日发布)。

▶ 数据支撑：原始数据缺口达82%（详见附件3.1缺口分析表）。

▶ 条款依据：主合同第7.3条"因供应商导致的延期不计入违约"。

```mermaid
gantt
title 供应链延误影响轴
dateFormat  YYYY-MM-DD
section 关键依赖
地图数据交付：active, 2024-08-01, 2024-08-15
实际交付：crit, 2024-08-29, 2024-08-29
影响周期：14天
```

2.2 第三方技术依赖

证据链：

▶ 协议冲突日志：海康威视路侧设备SDK（软件开发工具包）版本不兼容（错误码0×FE29B）。

▶ 测试报告：数据丢包率（30%）超阈值（合同要求≤5%）。

▶ 专家意见：清华大学智能交通研究所技术鉴定书。

2.3 政策合规新增需求

证据链：

▶ 政府文件：《个人信息保护实施指南》于2024年9月1日生效。

▶ 需求变更记录：新增3个隐私脱敏模块（工作量每人每天加320%）。

▶ 法务意见：不执行将面临项目验收否决风险。

第三轮指令：量化毁灭性影响

用户指令：

完善第三部分"综合影响评估"，要求：

1. 分成客户/财务/团队三维度建模；

2. 使用压力测试模型展示连锁反应；

3. 对比行业同类案例处罚力度。

DeepSeek 输出：

三、综合影响评估

3.1 客户关系风险

▶ 信任度降级：客户满意度分数预测从 92 分骤降至 67 分（神经网络模型输出）。

▶ 竞争替代风险：华为已向甲方提交替代方案简报。

3.2 财务损失测算

场景	损失金额	触发概率
按当前进度逾期 7 天	385 万元	100%
团队崩溃导致烂尾	2200+ 万元	35%
商誉减值（3 年影响）	1500 万元 / 年	82%

3.3 团队稳定性预警

▶ 加班强度：近 4 周平均工时 68 小时 / 人（超劳动法上限的 55%）。

▶ 离职倾向：匿名调研显示 43% 的成员考虑离职。

▶ 事故风险：发生 2 起夜间通勤交通事故。

行业对比：

▶ 腾讯 2023 年某项目因供应商问题延期，罚金比例从 0.5% 降至 0.2%。

▶ 阿里云类似案例获得 30 天宽限期（依据《中华人民共和国民法典》）。

第四轮指令：设计"保命"方案

用户指令：

生成第五部分"补救措施与风险管控"，要求：

1. 分为技术 / 法务 / 公关 3 条战线；

2. 每项措施包含资源投入与验收标准；

3. 使用 SWOT 矩阵展示方案优劣。

DeepSeek 输出：

五、补救行动计划

5.1 技术攻坚方案

▶ 资源投入：并行开发，抽调 AI 中台团队 20 人组建突击队（预算追加 80 万元）。

▶ 验收标准：9 月 20 日前数据丢包率≤3%。

5.2 法务护航策略

▶ 资源投入：启动不可抗力认定程序（律师费预算 15 万元）。

▶ 验收标准：将至少 14 天延误期纳入免责范围。

5.3 公关灭火路线

▶ 资源投入：进行客户沟通，赠送价值 200 万元的二期优先服务权。

▶ 验收标准：实现媒体管控，签署三方保密协议（覆盖 6 家行业媒体）。

SWOT 矩阵：

优势（S）	劣势（W）	机会（O）	威胁（T）
拥有备用技术团队	追加预算超授权范围	客户高层存在人事变动	竞争对手持续施压
法务团队行业口碑佳	突击队磨合需要时间	政府可能放宽合规期限	达到触发员工离职潮的临界点

第五轮指令：植入高层关注点

用户指令：

优化文档，要求：

1. 添加董事会级风险指标（如商誉减值系数）；

2. 插入替代方案毁灭性分析；

3. 增加行业监管趋势预判。

DeepSeek 输出：

【撒手锏升级版】

董事会级警报：

▶ 商誉减值模型显示，若负面舆情扩散，公司智慧城市板块估值将下跌 18%（约合 4.5 亿元）。

▶ ESG（环境、社会和公司治理）评级可能从 AA 降至 BBB，影响绿色债券发行。

替代方案毁灭性：

方案	后果	毁灭性评级
强制按期交付	系统崩溃导致全市交通瘫痪	灾难级
削减功能模块	触发合同重大违约条款	高危级
更换供应商	至少需要45天审核新供应商资质	严重级

监管趋势预判：

▶ 工信部拟于2025年推行《智慧城市项目延期免责指引》（草案已征求意见）。

▶ 市大数据局暗示可协调放宽试点项目验收期限。

第六轮指令：生成终版请示

用户指令：

整合以下内容为正式请示：

1. 延期原因证据链；

2. 影响量化模型；

3. 补救行动计划。

要求：添加密级标识、签发栏、紧急程度标签，正文字数控制在2500字内。

DeepSeek 输出：

密级：机密·核心商密
紧急程度：特急

××科技关于"城市大脑"项目一期交付延期的紧急申请

（2024年）××延字第092号

一、不可抗力事实认定

▶ 高德地图数据延迟构成主合同第7.3条定义的不可抗力事件（详见附件1）。

▶交管局新增需求超出 SOW（工作说明书）范围（原始需求文档 V1.2 第 4.7 条）。

二、铁证级影响分析

若不批准延期：

▶直接触发 385 万元违约金（按当前进度要延迟 7 天交付计算）。

▶50% 概率导致项目烂尾（损失 2200+ 万元）。

三、最低代价解决方案

申请延期 21 天至 2024 年 10 月 15 日，并追加预算 180 万元用于：

▶突击队人力成本 80 万元。

▶客户补偿方案 100 万元。

四、高层级风险承诺

若延期后仍无法交付：

▶本人自愿辞去项目经理职务。

▶团队年度奖金池全额冻结。

请批示。

申请人：赵磊（智慧城市项目部）

分管 VP 意见：＿＿＿＿＿＿＿

风控部审核：＿＿＿＿＿＿＿

附件：

1. 供应商违约函（3 份）

2. 政策变更截图（带官方公章）

3. 系统故障视频实录

第七轮指令：植入"反杀"话术

用户指令：

进行终极话术优化：

1. 将延期转化为战略调整机遇；

2. 绑定客户长期利益；

3. 植入行业标杆对比。

DeepSeek 输出：

【终版话术核武器】

战略升级机遇：

利用延期窗口期整合最新 AI 交通算法（百度文心交通大模型 V2.3），使系统预测准确率从 88% 提升至 94%。

借机申请政府"新基建创新试点"资质，预计可获补贴 350 万元。

客户利益绑定：

承诺交付后免费升级隐私保护模块（原二期功能），为客户节省预算 120 万元。

提供独家城市交通白皮书（价值 80 万元/份）。

行业标杆对比：

对比腾讯 2023 年深圳项目：因合理延期获得市长批示表彰。

引用 IDC（国际数据公司）报告：优质项目延期率达 37%，但客户满意度反升 22%。

【流程总结】

通过七轮精准话术锻造，DeepSeek 完成：

1. 责任转移：将八成责任锚定给供应商与政策变化；
2. 恐惧营销：用 4.5 亿元商誉减值震慑决策层；
3. 利益置换：把延期危机包装成技术升级契机；
4. 法律武装：构建不可抗力证据防火墙；
5. 退路封杀：用替代方案毁灭性分析断绝其他选项。

最终成果：生成一份 2740 字的"不得不批"型延期申请，含 9 类法律依据、13 份证据附件、5 套应急预案。该请示在 12 小时内获管理层特批，并成为公司危机公关范本，成功将团队责任归零。

6.2 费用超标请示：DeepSeek用同行数据加谈判筹码

深夜11点，××新能源科技公司项目经理周敏盯着财务系统弹出的红色预警窗口，额头渗出冷汗。她的"储能电池产线升级"项目因原材料价格暴涨，实际支出已超预算1260万元。笔记本上凌乱记录着矛盾点：

核心矛盾：碳酸锂价格从28万元/吨飙升至52万元/吨，采购成本激增85.7%；

客户压力：合同为固定总价模式，超支部分需公司自行承担；

管理层阻力：CFO（首席财务官）明确要求"非战略项目零预算追加"；

行业内对比：竞对宁德时代同期的采购成本仅上升65%，引发董事会质疑。

更糟糕的是，审计部已启动成本超支专项调查。周敏点开DeepSeek费用管理模块，启动"数据博弈"模式。

第一轮指令：生成请示框架

用户指令：
生成费用超标申请框架，须包含：
1. 超标背景与业务必要性；
2. 费用分解与归因分析；
3. 行业及竞对数据（成本波动率/竞对策略）；
4. 追加预算申请明细；
5. 风险对冲与长期降本方案。
要求：使用三级标题体系，预留数据占位符和行业对标图表位。
DeepSeek输出：

关于储能电池产线升级项目预算追加的紧急申请

（2024年Q4成本管控特批预案）

一、超标背景与业务必要性

1.1 项目定位：集团"零碳工厂"核心工程

1.2 不可抗力因素：上游原材料价格异动

二、费用超标分析

2.1 直接成本分解（材料/人工/设备）

2.2 价格波动归因模型

2.3 内部管控责任界定

三、行业及竞对研究

3.1 锂电行业成本增幅排名

3.2 竞对应对策略拆解

3.3 市场趋势预判

四、预算追加申请

4.1 紧急采购资金缺口

4.2 替代方案成本对比

五、风险对冲计划

5.1 长期锁价协议谈判

5.2 客户价格联动机制

5.3 技术降本路线图

附件：

1. 碳酸锂价格走势图（2023—2024）

2. 宁德时代采购合同摘要

3. 替代材料测试报告

系统提示：检测到审计风险，建议强化不可抗力论证。

第二轮指令：构建"不可抗力"证据链

用户指令：

填充第二部分"费用分解与归因分析"，要求：

1. 分为材料、物流、汇率三维度量化影响；

2. 使用时间轴对比展示市场突变节点；

3. 引用国际贸易条款证明不可抗力属性。

DeepSeek 输出：

二、费用超标分析

2.1 原材料价格冲击

```
mermaid
gantt
title 碳酸锂价格异动时间轴
dateFormat  YYYY-MM-DD
section 关键节点
南美盐湖罢工事件：crit, 2024-03-15, 2024-04-01
大洋洲出口配额削减：active, 2024-05-20, 2024-06-10
国内期货市场逼仓：2024-07-05，2024-07-20
```

▶影响量化：价格涨幅83%（行业均值65%）。

▶条款依据：援引《国际货物销售合同公约》第79条"非可控障碍"条款。

2.2 物流成本激增

路线	2023年运费	2024年运费	增幅
南非—上海	8500/元 TEU（标准箱）	13500元/TEU	59%
智利—天津	12000元/TEU	21000元/TEU	75%

2.3 汇率波动损失

▶美元兑人民币汇率从6.8升至7.3，产生汇兑损失180万元。

▶对冲缺口：仅完成65%的远期锁汇。

第三轮指令：设计行业及竞对研究杀器

用户指令：

生成第三部分"行业及竞对研究"，要求：

1. 对比TOP5竞争对手成本控制水平；

2. 拆解竞对供应链策略（长协/期货/垂直整合）；

3. 使用雷达图展示我司竞争位势。

DeepSeek输出：

三、行业及竞对研究

3.1　TOP 5竞对成本增幅排名（2024年1—8月）

企业	材料成本增幅	物流成本增幅	综合成本增幅
宁德时代	65%	48%	58%
比亚迪	72%	55%	63%
国轩高科	80%	62%	71%
我司	83%	75%	79%
行业平均	70%	60%	65%

3.2 竞对策略拆解

▶ 宁德时代：签署5年期长协价（锁定45%的需求量）。

▶ 比亚迪：建立非洲锂矿控股子公司（降低采购成本的12%）。

▶ 国轩高科：期货套保覆盖80%的风险敞口。

```
mermaid
radarChart
title 供应链抗风险能力雷达图（满分10分）
axis 长协覆盖，期货套保，物流控制，技术降本
series "我司"［3，5，2，8］
series "宁德时代"［9，7，8，6］
series "行业标杆"［7，6，6，7］
```

第四轮指令：制定"要钱"组合拳

用户指令：

完善第四部分"追加预算申请明细"，要求：

1. 分紧急／中长期两阶段申请资金；

2. 制作"追加预算"与"项目暂停"损失的对比模型；

3. 使用决策树展示最优路径。

DeepSeek 输出：

四、预算追加申请

4.1 资金需求分解

用途	金额（万元）	紧急程度
Q4 原材料紧急采购	860	特急

续表

用途	金额（万元）	紧急程度
物流替代方案开发	120	急
汇率对冲补仓	80	中

4.2 替代方案风险等级分析

方案	3年累计损失	战略风险等级
暂停项目	客户索赔2.3亿+元	毁灭级
削减产能	市占率下降5.8%	高危级
使用替代材料	良品率降至72%	严重级

```
mermaid
flowchart TD
A［是否追加预算？］--->|是|B［完成项目，损失1260万元］
A--->|否|C［项目暂停，损失2.3亿+元］
B--->D［保住行业地位］
C--->E［退出第一梯队］
```

第五轮指令：植入高层恐惧点

用户指令：

优化文档，要求：

1. 添加ESG评级影响（绿色供应链指标）；

2. 插入技术泄密风险评估；

3. 关联资本市场反应模型。

DeepSeek输出：

【终局博弈升级版】

ESG评级核弹：

▶若项目中断，MSCI（摩根士丹利资本国际公司）ESG评级将从A降至BBB，触发15亿元的外资撤资。

▶丢失"全球绿色供应链标杆企业"称号（年补贴减少3200万元）。

技术护城河危机：

▶ 暂停项目将导致核心团队 30% 的人员被竞对挖角。

▶ 已有 2 家竞对接触我司锂化工艺专利合作方。

股价波动预警：

▶ 敏感性分析显示，项目失败将导致我司股价下跌 22%（参考宁德时代历史案例）。

▶ 机构持股比例预计从 35% 降至 28%。

第六轮指令：生成终版请示

用户指令：

整合以下内容为正式请示：

1. 超标原因与行业竞对研究；

2. 资金需求与损失模型；

3. 风险核弹预警。

要求：添加密级标识、高管承诺条款、附件清单，正文控制在 2500 字内。

DeepSeek 输出：

> ×× 新能源关于储能电池产线升级项目预算追加的紧急申请

（2024 年）×× 追字第 117 号

一、生死攸关的业务背景

本次预算超标直接关联集团三大战略项目，若资金链断裂将导致：

▶ 核心客户流失：特斯拉订单转移至宁德时代（预估损失 8.5 亿元／年）。

▶ 技术断层风险：丢失下一代固态电池研发窗口期。

二、不得不批的行业逻辑

▶ 我司成本增幅虽高于宁德时代，但技术指标领先 12%（能量密度／循环寿命）。

▶ 每追加投入 1 万元可换取 5.3 万元长期收益（NPV 模型见附件 4）。

三、最低限度资金需求

申请特批 1060 万元用于：

▶ 紧急采购碳酸锂 200 吨（按 50 万元／吨锁价）。

▶ 开通中欧铁路专线（较海运节省 18 天）。

四、高管级风险对赌

若追加预算后仍无法达标：

▶ 本人自愿放弃全年奖金及期权。

▶ 项目组解散重组。

请批示。

申请人：周敏（储能项目部）

财务负责人意见：＿＿＿＿＿＿

战略投资部审核：＿＿＿＿＿＿

附件：

1. 碳酸锂期货交易记录
2. 竞对成本分析报告（第三方审计版）
3. 客户订单风险预警函

第七轮指令："植入"共赢"话术"

用户指令：

进行终极话术改造：

1. 将成本压力转化为技术升级契机；
2. 绑定客户长期利益；
3. 关联国家战略政策红利。

DeepSeek 输出：

【谈判筹码终极版】

技术跃迁机遇：

利用本次采购谈判，可捆绑获取阿根廷盐湖提锂新技术（降低长期成本的 15%）。

借机升级产线兼容钠离子电池，提前 6 个月布局替代路线。

客户利益共同体：

与特斯拉签署《成本共担协议》，约定超支部分按我司与特斯拉 3∶7 比例分摊。

提供独家电池健康监测系统（价值 200 万元/套）。

【流程总结】

通过七轮数据博弈，DeepSeek 完成：

1. 责任转移：将 83% 的预算超标归因于全球供应链危机；
2. 恐惧营销：用 15 亿元 ESG 评级降级损失震慑决策层；
3. 利益重构：把财务黑洞转化为技术升级跳板；
4. 法律武装：构建不可抗力 + 行业惯例双重护盾；
5. 退路封杀：用替代方案死刑论倒逼批复。

最终成果：生成一份 2890 字的"不得不批"型请示，含 17 份数据证据、8 个博弈模型、3 套对冲方案。该申请在 24 小时内获董事会全票通过，并促使公司建立供应链应急基金，成为行业危机管理范本。

6.3 否决批复：DeepSeek 把"不同意"说得双方满意

深夜 11 点，××集团战略投资部总监李明盯着屏幕上子公司提交的《东南亚新能源工厂投资申请》，眉头紧锁。这份申请要求追加预算 8.6 亿元，但集团刚收紧海外投资政策。笔记本上标注着关键否决点：

核心矛盾：项目 IRR（内部收益率）仅 9.2%，低于集团 12% 的硬性门槛；

政治风险：东道国新颁布的外资持股限制政策（最高达 49%）；

竞对动态：宁德时代同区域项目已暂停，因当地环保审查趋严；

情感因素：子公司总经理为集团元老，直接向 CEO（首席执行官）汇报。

更棘手的是，子公司已在当地租赁土地并支付定金 3000 万元。李明需要在不打击团队士气的前提下，给出一个"拒绝但留有余地"的批复。

第一轮指令：生成批复框架

用户指令：

生成否决批复框架，须包含：

1. 申请内容复述（突出亮点）；

2. 否决核心原因（分为战略/财务/风险维度）；

3. 替代方案建议（资源补偿/路径优化）；

4. 团队价值肯定；

5. 未来重启条件。

要求：使用三级标题体系，语言正向积极，预留数据填充位。

DeepSeek 输出：

关于《东南亚新能源工厂投资申请》的批复

（××集团战投字〔2024〕第 038 号）

一、申请内容摘要

1.1 项目亮点

▶ 是开拓东盟市场的重要支点。

▶ 本地化生产可能降本 18%。

▶ 与当地政府签订 MOU（谅解备忘录，税收优惠期 5 年）。

二、审议结论与核心考量

2.1　战略匹配度分析

2.2　财务模型风险点

2.3　不可控外部因素

三、替代性支持方案

3.1　轻资产合作模式

3.2　技术授权路径

3.3　风险共担机制

四、团队价值肯定

4.1　前期工作成果认可

4.2　能力迁移建议

五、未来重启条件

5.1　政策改善里程碑

5.2　模型优化达标线

附件：

1. IRR 敏感性分析表

2. 东道国政策风险评级报告

3. 竞对项目动态追踪

系统提示：检测到情感风险，建议增强"拒绝中的肯定"话术。

第二轮指令：构建"数据铁幕"

用户指令：

填充第二部分"审议结论与核心考量"，要求：

1. 每个原因配 3 层证据链（内部数据／行业报告／法律条款）；

2. 使用对比图表展示差距；

3. 引用集团最新投资政策条款。

DeepSeek 输出：

二、审议结论与核心考量

2.1 战略匹配度分析

```mermaid
pie
title 战略匹配度评分（满分10分）
"市场空间" : 8.5
"技术协同" : 6.2
"政策风险" : 4.1
"团队经验" : 7.9
```

▶关键差距：未达集团《海外投资手册》第3.2条"区域市场评分≥8.0"要求。

2.2 财务模型风险点

场景	当前IRR	达标IRR	缺口
基准情况	9.2%	12%	2.8%
汇率波动+10%	6.7%	/	5.3%
关税上调至25%	5.1%	/	6.9%

※数据来源：集团风控部压力测试模型（2024年8月版）

2.3 不可控外部因素

▶法律证据：东道国《外资法修正案》第14条（持股限制＋技术转让要求）。

▶行业预警：标准普尔将该国新能源行业评级从BBB-下调至BB+。

▶对标案例：宁德时代暂停印度尼西亚工厂（直接损失4.2亿元）。

第三轮指令：设计"软着陆"方案

用户指令：

生成第三部分"替代性支持方案"，要求：

1. 提供短/中/长期三阶段替换选项；

2. 每个方案包含合作模式/成本/收益数据；

3. 使用SWOT矩阵展示最优路径。

DeepSeek 输出：

三、替代性支持方案

3.1 短期方案（0—6个月）

▶ 模式：与当地企业成立合资销售公司（持有股权≤30%）。

▶ 成本：3200万元（仅为原申请的3.7%）。

▶ 收益：2025年可获取市场准入数据。

3.2 中期方案（6—18个月）

▶ 模式：技术授权＋分成（保底分成率5%）。

▶ 成本：研发适配支出1800万元。

▶ 收益：零资本风险获取营收流水。

3.3 长期方案（18个月＋）

▶ 模式：待政策松动后启动控股投资。

▶ 触发条件：东道国取消外资持股限制。

```mermaid
quadrantChart
title 替代方案战略价值矩阵
x-axis 实施难度
y-axis 预期收益
quadrant-1 高收益低难度：中期方案
quadrant-2 高收益高难度：长期方案
quadrant-3 低收益低难度：短期方案
quadrant-4 低收益高难度：无
series "最优路径"[(短期方案,30,40),(中期方案,60,70)]
```

第四轮指令：植入"情感创可贴"

用户指令：

完善第四部分"团队价值肯定"，要求：

1. 列出三项具体贡献并量化价值；

2. 提供能力复用路径；

3. 添加团队奖励机制。

DeepSeek 输出：

四、团队价值肯定

4.1 卓越贡献认可

▶突破性成果：完成东道国首张新能源牌照申请（节约时间成本6个月）。

▶资源沉淀：建立当地政商网络图谱（覆盖23个关键节点）。

▶模式创新：设计出首套东盟合规手册（节省法务成本200万元+）。

4.2 能力迁移计划

▶战略价值：调派核心成员参与越南光伏项目（职级晋升优先权）。

▶知识复用：将本地化经验形成SOP（标准作业程序），纳入集团知识库（奖励50万元）。

4.3 即时激励措施

▶发放"开拓者特别奖金"120万元（按前期投入成本4%计算）。

▶授予团队"集团全球化先锋"称号（年度考核加分项）。

第五轮指令：埋下"未来钩子"

用户指令：

生成第五部分"未来重启条件"，要求：

1. 设置清晰量化的重启里程碑；

2. 绑定行业趋势预判数据；

3. 提供过渡期资源支持。

DeepSeek 输出：

五、未来重启条件

5.1 政策改善里程碑

▶东道国外资持股限制放宽至70%以上（当前为49%）。

▶世界银行营商环境排名进入前50（当前为第78位）。

5.2 模型优化达标线

▶IRR提升至12.5%（预留1.3%的安全边际）。

▶关键材料本地化采购率≥60%（当前预估32%）。

5.3 过渡期支持

▶保留项目代码"SEA-2024"，每年评估一次。

▶提供500万元/年的市场监测专项基金。

▶ 授权使用集团全球供应链数据库（L3 权限）。

第六轮指令：生成终版批复

用户指令：

整合以下内容为正式批复：

1. 数据化否决理由；

2. 阶梯式替代方案；

3. 情感与资源补偿。

要求：添加公文编号、签发层级、密级标识，正文控制在 2500 字内。

DeepSeek 输出：

××集团关于《东南亚新能源工厂投资申请》的批复

（××战投字〔2024〕038 号）

一、高度认可与审慎决策

集团充分肯定东南亚团队的前瞻性视野与执行力，尤其赞赏：

▶ 突破性取得东道国首张新能源牌照（节省时间成本 180 天）。

▶ 构建覆盖 23 个关键节点的政商网络图谱。

二、基于数据的审慎结论

经战略委员会审议，当前方案暂不符合投资条件，核心考量如下：

▶ 收益率缺口：IRR 9.2%，小于红线 12%（详见附件 1 压力测试）。

▶ 政策悬崖：外资持股限制导致技术控制权缺失的风险。

▶ 前车之鉴：宁德时代等的同区域项目已暂停（损失 4.2 亿元）。

三、替代性共赢路径

特批以下支持方案，即刻生效：

▶ 轻资产破冰：成立合资销售公司（集团出资 3200 万元，占股 30%）。

▶ 知识变现：技术授权分成模式（首年保底收益 600 万元）。

▶ 能力迁移：调派核心成员参与越南光伏项目（职级晋升优先）。

四、未来重启机制

当满足以下条件时，本申请将自动进入快速通道：

▶ 东道国外资政策放宽至持股 70%。

169

▶ IRR 模型优化至 12.5%+。

▶ 本地化采购率突破 60%。

此复。

            ××集团战略投资委员会

            签发人：_____

            日期：2024 年 9 月 15 日

附件：

1. IRR 压力测试

2. 合资公司筹建方案 V2.1

3. 东南亚政策风险动态监测表

第七轮指令：植入"战略软化剂"

用户指令：

进行高阶话术优化：

1. 将否决转化为战略节奏调整；

2. 绑定更高层级的集团利益；

3. 植入行业权威背书。

DeepSeek 输出：

【终版语言艺术升级】

战略节奏重构：

当前否决是为集中资源抢占欧盟碳关税政策窗口期（2025 年生效）。

东南亚布局将纳入集团"2026 年东盟一体化战略"优先序列。

利益共同体构建：

特批子公司参与集团全球供应链优化项目（预算 2000 万元）。

授予东南亚团队"新兴市场情报中心"职能（年度经费 500 万元）。

权威第三方背书：

引用麦肯锡报告："2025 年后东南亚新能源政策有望松绑"。

附普华永道评估：替代方案风险收益比优于原计划的 32%。

【流程总结】

通过七轮高情商话术设计，DeepSeek 完成：

1. 数据封杀：用 IRR 缺口＋竞对案例筑起否决证据墙；

2. 情感补偿：通过奖金／称号／晋升权实现心理平衡；

3. 希望留白：预设清晰可期的重启路径；

4. 利益置换：用轻资产方案满足团队成就感；

5. 战略升维：将局部否决转化为全局优化。

最终成果：生成一份 2730 字的"拒绝但双方满意"型批复，含 9 份数据附件、3 套替代方案、5 项情感补偿措施。该批复在子公司管理层会议获全票接受，并促使团队转向更高价值项目，成为集团投资管控范本。

6.4　跨级请示：DeepSeek 生成不越权的分寸感模板

凌晨 1 点，××集团区域分公司市场总监陈琳盯着屏幕上的紧急请示草稿，指尖微微发颤。她的"华东区新能源充电桩扩建"项目因突发政策调整须追加预算 3200 万元，但直接上级——分管副总正在海外出差且通信受限。集团规定，跨级请示必须同时满足"业务紧急性"与"权限合规性"双重要求。笔记本上标注着敏感点：

越权风险：未经分管副总审批直报 CEO 可能触犯《集团层级管理规范》第 5.7 条；

业务紧急性：若 72 小时内未锁定设备供应商，将面临 150 万元/日的违约金；

数据支撑：竞争对手已在 3 个重点城市完成同类项目布局。

陈琳点开 DeepSeek，进行"权限安全"检查……

第一轮指令：生成合规框架

用户指令：

生成跨级请示框架，须包含：

1. 请示背景与紧急性证明；

2. 已履行的本级审批流程；

3. 跨级申请必要性论证；

4. 权限合规性的保障；

5. 备选决策建议。

要求：使用三级标题体系，预留上级沟通记录插入位。

DeepSeek 输出：

关于华东区新能源充电桩扩建项目紧急预算申请的跨级请示

(××集团市申字〔2024〕第 117 号)

一、紧急事由与业务价值

1.1　政策突变影响：新国标实施导致现有设备淘汰率达 100%

1.2 竞争窗口期：竞对已抢占沪苏杭核心点位

二、本级流程履行情况

2.1 分管领导沟通记录

2.2 部门内审会议纪要

三、跨级申请必要性

3.1 时效性临界点分析

3.2 直接上级不可达证明

四、权限合规性的保障

4.1 公司章程条款引用

4.2 紧急决策预案授权

五、缓冲方案建议

5.1 部分授权先行执行

5.2 事后补签机制

附件：

1. 分管副总出差证明（航班信息／通信记录）

2. 新国标政策文件（重点条款标注版）

3. 供应商限时报价单

系统提示：检测到越权风险系数为 62%，建议增强合规性论证。

第二轮指令：构建"紧急性铁证"

用户指令：

填充第一部分"紧急事由与业务价值"，要求：

1. 分为政策／市场／财务三维度量化危机；

2. 使用时间轴展示决策窗口关闭过程；

3. 插入行业对标数据。

DeepSeek 输出：

一、紧急事由与业务价值

1.1 政策突变影响

```
mermaid
gantt
title 新国标实施倒计时影响轴
dateFormat  YYYY-MM-DD
section 关键节点
新国标发布：crit, 2024-08-01, 2024-08-01
设备检测认证截止：2024-09-30, 2024-09-30
旧设备停用日：2024-10-15, 2024-10-15
```

▶影响面：全区 87% 充电桩不符合 GB/T 2023.1—2024 标准。

1.2 竞争窗口期

城市	我司现有点位	竞对新增点位（近30天）
上海	120	58
杭州	85	42
苏州	67	37

1.3 财务悬崖模型

▶每日滞纳金：150 万元（合同条款第 7.4 条）。

▶市占率损失：每延迟 1 天下降 1.2%（波士顿矩阵预测）。

第三轮指令：编织"合规安全网"

用户指令：

完善第四部分"权限合规性的保障"，要求：

1. 引用公司章程紧急条款；

2. 添加法务部预审意见；

3. 设计决策责任分担机制。

DeepSeek 输出：

四、权限合规性的保障

4.1 公司章程依据

▶《××集团管理章程》第 12.3 条："二级及以上紧急事件，在直接上级不可达时，允许越级请示至 CEO 办公室。"

▶《重大项目管理条例》附件 5："设备类采购超 3000 万元须双签"。

4.2 法务预审意见

▶ 结论：本次申请符合紧急预案启动条件（风险评级 B 级）。

▶ 限制：CEO 批复后须在 72 小时内补交分管领导电子确认。

4.3 责任共担机制

▶ 申请人承诺：若事后认定有流程瑕疵，自愿承担 30% 的绩效考核扣减。

▶ 风控部备案：启用"临时决策保险池"（最高兜底 800 万元损失）。

第四轮指令：设计"缓冲台阶"

用户指令：

生成第五部分"缓冲方案建议"，要求：

1. 阶梯式执行权限（如 50% 的预授权）；

2. 设置自动回撤触发条件；

3. 使用流程图展示安全路径。

DeepSeek 输出：

五、缓冲方案建议

5.1 阶梯执行方案

阶段	授权额度	触发条件
紧急预启动	800 万元	获取 CEO 口头批复后
主体执行	2400 万元	收到分管副总短信确认后
全面铺开	全量	完成正式文件会签

5.2 熔断机制

▶ 若 48 小时内未获分管领导确认，自动暂停后续付款。

▶ 供应商违约罚金由集团风险基金优先偿付。

```
mermaid
flowchart TD
A［CEO 口头批复］--> B{是否获分管领导确认？}
B -->|是| C［释放全量预算］
B -->|否| D［冻结 80% 的资金］
D --> E［启动危机小组］
```

第五轮指令：植入"共赢话术"

用户指令：

优化全文，要求：

1. 强调对直接上级的尊重（如抄送预通知）；

2. 绑定集团战略利益；

3. 添加第三方权威背书。

DeepSeek 输出：

【高情商话术升级版】

权限敬畏声明：

已向分管副总邮箱发送加密预通知（截图见附件4）。

承诺在批复后1小时内同步完整会议纪要至其秘书。

战略价值捆绑：

本项目直接关联集团"长三角新能源一体化"战略（2024年1号文件）。

失败将导致年度双碳目标缺口达15%（国资委考核关键指标）。

第三方背书：

附普华永道评估报告："本项目延期将导致行业排名下降2位"。

引用国家发展改革委相关文件。

第六轮指令：生成终版请示

用户指令：

整合以下内容为正式请示：

1. 紧急事由与合规论证；

2. 缓冲执行方案；

3. 风险兜底机制。

要求：添加密级标识、抄送列表、追踪编号，正文控制在2500字内。

DeepSeek 输出：

××集团华东区新能源充电桩扩建项目紧急预算申请（跨级请示）

（××市申字〔2024〕117号）

一、生死时速的业务背景

本次申请攸关集团在长三角新能源布局的存续性：

▶ 政策倒计时：新国标实施后旧设备将全面停运（10月15日）

▶ 竞争绞杀：竞对已包揽上海核心商圈80%优质点位

二、铁规下的非常之举

2.1 流程敬畏证明

▶ 已发起3次越洋电话尝试联系分管副总（通话记录见附件2）

▶ 部门内审会全票通过紧急预案（签字扫描件见附件3）

2.2 章程合规依据

▶ 完全符合《公司章程》第12.3条二级紧急事件标准

▶ 法务部出具"低风险越级"预审意见书

三、安全执行路径

申请分阶段释放预算：

▶ 紧急预授权：800万元（用于锁定核心供应商）

▶ 主体执行：2400万元（待分管领导确认后释放）

四、风险防火墙

▶ 申请人自愿冻结30%绩效奖金作为风险抵押

▶ 审计部实时监控资金流向（每4小时生成风控简报）

此呈。

申请人：陈琳（华东区市场总监）

日期：2024年9月18日

抄送：集团法务部、审计部、分管副总秘书处

附件：

1. 分管副总出差证明（航班号/酒店入住记录）

2. 新国标政策解读手册（法务标注版）

3. 供应商限时报价公证书

第七轮指令：植入"生态保护"话术

用户指令：

进行终极优化：

1. 将越级行为转化为管理体系完善契机；

2. 绑定组织能力提升指标；

3. 添加行业最佳实践案例。

DeepSeek 输出：

【管理价值升华版】

体系优化契机：

本次请示将推动集团完善《跨级决策 SOP2.0》。

建议将此案例纳入高管培训"紧急决策模块"教材。

能力建设承诺：

项目组将沉淀《突发政策应对手册》（贡献集团知识库）。

承诺培养 3 名"合规紧急响应专员"（持风险管理师认证）。

行业最佳实践：

参考特斯拉中国 2023 年同类事件处理方案（附件 6）。

对标华为"三阶熔断"资金管控机制（附件 7）。

【流程总结】

通过七轮精密设计，DeepSeek 完成：

1. 紧急性论证：用政策倒计时＋竞争数据构建"不得不为"逻辑；

2. 合规性筑底：章程条款＋法务预审形成双重保护；

3. 风险分摊：阶梯授权＋熔断机制实现可控越级；

4. 情感维护：预通知＋事后补签尊重直接上级权威；

5. 价值升华：将个案转化为管理体系升级跳板。

最终成果：生成一份 2860 字的跨级请示模板，含 11 份合规证据、5 层风险管控、3 套缓冲方案，既突破层级限制又维护组织秩序，成为集团危机请示范本。

第七章

年度总结 / 计划——DeepSeek 分部门攻略

行政部门的工作总结往往是对一年努力的回顾和成绩的展示，但同时也是个让人头疼的"大工程"。每次写总结，都要花大量时间翻阅文件、整理数据，还要确保内容全面、重点突出且切中政策要求。而对于领导来说，光是看这些厚厚的总结材料，也是一项不小的负担。如何才能既高效又精准地完成工作总结，让总结真正体现工作成果，而不是只停留在"堆积材料"上？

在第七章的第一节中，我们将探讨一种全新的总结方式。DeepSeek 通过智能分析技术，能够快速扫描和整理政策落实的关键数据，直观呈现政策覆盖率等核心指标，用数据说话，用事实展现政绩。这不仅可以帮助行政部门更加客观地总结工作成果，也让决策者一目了然地了解具体问题和改进方向。

通过这一节内容，你会发现工作总结不再只是大量文字的堆砌，而是用数据和事实说话的过程。使用 DeepSeek，会让总结更精准、更高效，同时也更有说服力。

7.1　行政部门工作总结：DeepSeek 用政策覆盖率量化政绩

深夜 11 点，××集团行政总监周然盯着屏幕上零散的年度工作数据，眉头紧锁。集团要求行政部门在 3 天内提交"用政策穿透率证明价值"的年度总结，但各个数据散落在 27 份红头文件、156 项督办任务和 9 个专项小组的成果中，难以提炼出量化政绩。董事长上周的质问犹在耳边："行政部今年到底推动了哪些战略落地？政策执行是表面文章还是真能创造价值？"

周然的记事本上标注着痛点：

政策悬浮：新颁布的《集团合规管理纲要》在 5 家子公司仅完成 30% 宣贯；

成本黑洞：差旅费同比激增 42%，但审批流程合规率不足 60%；

效能模糊：会务筹备效率提升，数据缺乏行业对标；

价值质疑：业务部门评价"行政只会盖章"。

……

第一轮指令：生成总结框架

用户指令：

生成行政部门年度总结框架，须包含：

1. 政策落地覆盖率（分总部/子公司/项目三级）；

2. 合规管理效能提升；

3. 成本控制创新举措；

4. 重大活动保障成果；

5. 组织能力建设。

要求：使用四级标题体系，预留政策文件引用位和数据可视化位。

DeepSeek 输出：

2024 年度行政管理工作总结
××集团行政部

一、政策穿透力建设

1.1 集团级政策覆盖

1.2 子公司穿透执行

1.3 重点项目专项督导

二、合规管理升级

2.1 审批流程优化

2.2 风险预警体系

2.3 审计问题闭环

三、精益成本管控

3.1 差旅费智能管控

3.2 资产使用率提升

3.3 绿色办公实践

四、重大保障战役

4.1 全球战略会保障

4.2 政府视察接待

4.3 危机事件响应

五、行政力进化工程

5.1 数字化工具部署

5.2 跨部门协作机制

5.3 专业认证覆盖率

附件：

1. 政策覆盖率热力图

2. 成本节约模型表

3. 重大活动保障清单

系统提示：检测到价值量化不足，建议绑定业务增长指标。

第二轮指令：量化政策穿透率

用户指令：

填充第一部分"政策穿透力建设"，要求：

1. 分政策类型（合规／安全／廉政）统计覆盖率；

2. 使用热力图展示区域执行差异；

3. 添加整改督办案例。

DeepSeek 输出：

一、政策穿透力建设

1.1　集团级政策覆盖

政策类别	文件数	宣贯率	考核通过率
合规管理	12	100%	92%
安全生产	8	100%	88%
廉政建设	5	100%	95%

1.2　子公司穿透执行

```
mermaid
heatmap
    title区域政策执行热力图（2024）
    axis华东，华南，华北，西部
    series "合规管理"［85，78，92，65］
    series "安全生产"［90，82，88，70］
    series "廉政建设"［95，88，93，75］
```

1.3　重点项目专项督导案例

案例 1：西南子公司《差旅费细则》执行偏差

　问题：超标住宿费报销占比 38%

　整改：上线智能审批系统，超标率降至 5%

　价值：年度节约 210 万元

第三轮指令：绑定业务价值

用户指令：

优化框架，要求：

1. 每项行政工作添加"业务影响值"指标；

2. 使用成本节约 / 风险规避 / 效率提升三维度量化；

3. 插入行业对标分位值。

DeepSeek 输出：

【价值量化升级版】

二、合规管理升级

2.1 审批流程优化

指标	改进前	改进后	行业 P75	业务影响值
平均审批时长	3.2 天	0.8 天	1.5 天	效益提高 85 万元/年
合规通过率	58%	93%	80%	风险规避 1200 万元

2.2 风险预警体系

▶ 提前识别 3 起重大合规风险（供应商围标/合同漏洞）。

▶ 价值：避免直接损失 6500 万元和商誉损失（对标某集团类似事件损失 2.3 亿元）。

第四轮指令：可视化成本革命

用户指令：

生成第三部分"精益成本管控"内容，要求：

1. 分差旅/资产/能耗三赛道展示降本；

2. 使用瀑布图呈现节约路径；

3. 添加创新技术应用说明。

DeepSeek 输出：

三、精益成本管控

3.1 差旅费智能管控

```
mermaid
bar
title 差旅费节约路径（单位：万元）
category 机票，酒店，交通，餐饮
series "预算" [1200, 800, 300, 200]
series "实际" [980, 650, 220, 180]
```

▶ 技术支撑：RPA（机器人流程自动化）自动比价 + 超标订单 AI 拦截。

▶ 创新价值：节约率达 23%，超行业均值 8 个百分点。

3.2 资产使用率提升

资产类型	闲置率（2023年）	闲置率（2024年）	释放价值
会议室	41%	18%	75万元
公务车辆	35%	12%	130万元

第五轮指令：植入战略高度

用户指令：

进行高阶优化：

1. 关联ESG（环境、社会、公司）治理指标；

2. 添加政府关系建设成果；

3. 绑定集团战略解码。

DeepSeek输出：

【战略升级版】

四、重大保障战役

4.1 全球战略会保障

▶ESG价值：实现首场零碳会议［购买CCER（国家核证自愿、减排量）抵消256吨排放］。

▶战略支撑：保障"一带一路"签约仪式，助力获取东南亚订单8.6亿元。

4.2 政府关系突破

▶全年获市级以上表彰7次（较2023年增长133%）。

▶推动集团入选"全国绿色办公示范基地"（获政策补贴320万元）。

五、行政力进化工程

5.1 数字化工具部署

▶上线智能合同管理系统（风险条款识别准确率达92%）。

▶部署能耗IoT（物联网）监测平台（节电率达18%）。

第六轮指令：生成终版总结

用户指令：

整合以下内容为正式报告：

1. 政策穿透量化成果；

2. 成本控制创新模型；

3. 战略价值升华。

要求：添加董事长寄语摘要、部门荣誉墙、未来挑战分析，正文字数控制在 3000 字以内。

DeepSeek 输出：

2024 年度行政管理工作总结（精要版）
××集团行政部

董事长点评摘要：

"行政体系首次实现从成本中心向价值枢纽的转型，政策穿透率成为管理新标杆。"

一、政策落地攻坚战

全年推动 19 项集团政策，100% 覆盖总部、83% 穿透子公司，其中：

▶《合规管理纲要》整改完成率达 92%（超行业标杆 12%）。

▶ 廉政教育覆盖率达 100%，举报量同比下降 67%。

二、成本控制革命

通过智能化管控实现行政费用同比下降 18%（总额 2860 万元），其中：

▶ 差旅费节约 420 万元（技术贡献率为 65%）。

▶ 资产盘活释放 550 万元。

三、战略支点建设

▶ 签约 7 场护航重大战略（直接关联订单 15.3 亿元）。

▶ 斩获"全国行政管理创新奖"等 5 项省部级荣誉。

四、未来挑战

▶ 子公司政策执行离散度仍高达 28%。

▶ 数字化转型人才缺口为 40%。

五、荣誉墙

▶ 集团年度卓越团队。

▶ 全国行政管理创新示范基地。

▶ISO（国际标准化组织）14064碳中和认证。

附件：

1. 政策穿透力指数计算模型

2. 成本节约审计报告

3. 重大活动保障影像集

第七轮指令：植入管理哲学

用户指令：

终极升华：

1. 提炼行政管理方法论；

2. 绑定组织文化价值观；

3. 添加行业标准制定贡献。

DeepSeek输出：

【管理哲学终章】

方法论输出：

首创"政策穿透四步法"（宣贯—解码—督导—闭环）；

沉淀《行政价值量化白皮书》（被中国行政管理学会收录）。

文化融合：

将"绿色办公"纳入集团ESG文化体系（员工践行率92%）；

行政流程优化贡献"降本增效"核心价值观案例库。

行业引领：

主导编制《企业行政数字化成熟度模型》（团体标准T/CAS 012-2024）；

受邀在博鳌管理论坛分享"行政价值重构"实践。

【流程总结】

通过七轮深度交互，DeepSeek完成：

1. 政策量化：将模糊的"推动执行"转化为覆盖率、整改率等硬指标；

2. 价值显性化：用成本节约、风险规避、订单支撑等数据回应质疑；

3. 战略升维：绑定ESG、政府关系、行业标准等高层关注点；

4. 文化赋能：将行政工作融入组织文化血脉；

5.未来锚定：清晰规划能力提升路径。

最终成果：生成一份3280字的行政部门年度总结，含16个量化模型、9项行业对标、5套管理方法论，获董事会"最具价值支撑奖"，成为行业标杆案例。

7.2　市场部门计划：DeepSeek 生成竞品分析 + 增长路径

深夜 12 点，××科技市场总监张薇盯着满屏杂乱的数据，眼前是 2025 年市场部 KPI 草案——董事长要求"在新能源车充电桩赛道实现市占率翻倍"。但笔记本上刺眼的数字揭示着困境：

竞争绞杀：头部竞对特瓦特充电桩覆盖率达 38%，我司仅 12%；

增长瓶颈：主力产品迭代速度落后竞品 6 个月；

用户流失：B 端客户续约率同比下滑 15%；

数据割裂：市场声量、渠道效率、产品竞争力数据散落在 9 个系统中。

第一轮指令：生成计划框架

用户指令：

生成市场部年度计划框架，须包含：

1. 市场格局分析（竞对三维透视）；

2. 增长目标拆解（SMART 原则）；

3. 核心战役设计（产品/渠道/品牌）；

4. 资源需求预算；

5. 风险预警预案。

要求：使用四级标题体系，支持插入动态数据看板。

DeepSeek 输出：

2025 年新能源汽车充电桩市场攻坚计划
××科技市场部

一、战场地图绘制

1.1　竞争格局总览

1.2　头部竞对解剖（特瓦特/星星充/安悦）

1.3　长尾玩家威胁指数

二、增长目标体系

2.1　核心目标：市场占有率 12% → 25%

2.2 关键子目标：

▶ 产品覆盖率：30 城→80 城

▶ 品牌认知度：行业第 5→第 2

▶ 客户留存率：68%→85%

三、三大攻坚战役

3.1 产品侧：技术突围战

3.2 渠道侧：网格覆盖战

3.3 品牌侧：心智占领战

四、资源火力配置

4.1 预算分配模型

4.2 人力作战地图

4.3 外部合作矩阵

五、风险防火墙

5.1 价格战应对预案

5.2 政策突变响应

5.3 供应链熔断机制

附件：

1. 竞品功能对比雷达图

2. 城市拓展热力矩阵

3. 舆情监测预警平台

系统提示：检测到目标激进系数为 82%，建议补充路径可行性验证。

第二轮指令：立体解构竞对

用户指令：

填充第一部分"战场地图绘制"，要求：

1. 分产品力/渠道力/品牌力三维度对比；

2. 使用动态数据看板呈现市场份额变化；

3. 添加专利技术卡位分析。

DeepSeek 输出：

一、战场地图绘制

1.1 竞争格局总览

维度	特瓦特	星星充	我司
产品迭代	每季度1次大升级	半年1次升级	9个月1次升级
城市覆盖	150城	90城	30城
品牌热搜	月均18次	月均9次	月均3次

1.2 头部竞对解剖

```
mermaid
pie
title 快充专利技术分布
"特瓦特"：45
"星星充"：28
"我司"：15
"其他"：12
```

▶关键差距：液冷超充专利数量0项 vs 特瓦特23项

1.3 市场渗透动态

```
mermaid
line
title2024年市占率变化曲线
×A×is 月份：1月，4月，7月，10月
series "特瓦特"[35，37，38，39]
series "我司"[11，12，12，12]
series "行业平均"[8，8，7，7]
```

第三轮指令：设计增长飞轮

用户指令：

生成第二部分"增长目标体系"，要求：

1. 使用OKR（目标与关键成果）结构拆解目标；

2. 添加行业分位值对比；

3. 设计目标达成里程碑。

DeepSeek输出：

二、增长目标体系

2.1 核心目标

Objective（目标）：2025 年实现市占率达 25%（行业 TOP2）

Key Results（关键成果）：

▶ KR1：充电桩覆盖率提升至 80 城（当前有 30 城）。

▶ KR2：B 端客户续约率 ≥ 85%（当前为 68%）。

▶ KR3：品牌搜索指数进入行业前 2（当前为第 5）。

2.2 里程碑设计

```
mermaid
gantt
title 市占率提升作战轴
dateFormat  YYYY-MM-DD
section 关键战役
长三角集群突破：active，2025-03-01，2025-06-30
华中市场渗透：2025-07-01，2025-09-30
大湾区决战：2025-10-01，2025-12-31
```

2.3 行业分位挑战

指标	当前值	行业 P75	目标值
单桩日利用率	4.2 小时	6.8 小时	7.5 小时
客户投诉率	3.1%	1.8%	≤ 1.5%

第四轮指令：规划核心战役

用户指令：

展开第三部分"攻坚战役"，要求：

1. 每场战役包含 SWOT 分析；

2. 设计作战地图（城市/渠道/产品组合）；

3. 添加战役成效预测模型。

DeepSeek 输出：

三、三大攻坚战役

3.1 技术突围战

作战地图：

▶ 重点城市：北京 / 上海 / 深圳（竞对利润池）

▶ 产品组合：

旗舰款：800V 液冷超充桩（对标特瓦特）

走量款：智能共享充电机器

成效预测：

指标	当前值	目标值	增长贡献
技术口碑	68 分	85 分	增长 7% 市占率
专利数量	15 项	40 项	竞争壁垒上升 2 级

3.2　网格覆盖战

```
mermaid
quadrantchart
title 城市拓展优先级矩阵
x-axis 充电需求指数
y-axis 竞对防御强度
quadrant-1 高需求低防御：合肥 / 长沙 / 佛山
quadrant-2 高需求高防御：上海 / 杭州
quadrant-3 低需求低防御：南昌 / 贵阳
quadrant-4 低需求高防御：无须进入
```

第五轮指令：量化资源需求

用户指令：

生成第四部分"资源火力配置"，要求：

1. 分市场教育 / 渠道激励 / 研发投入三板块；

2. 使用 ROI（投资回报率）模型优化预算分配；

3. 设计人力资源作战序列。

DeepSeek 输出：

四、资源火力配置

4.1　预算分配模型

板块	预算（万元）	ROI 预估
技术研发	3200	1∶5.8
渠道补贴	1800	1∶3.2
品牌建设	1200	1∶2.4
风险储备金	800	

4.2 特种部队编制

技术攻坚组：15 人（博士占比 40%）

地推铁军：200 人（分 8 大战区）

数字营销组：30 人（含 AI 训练师）

第六轮指令：生成终版计划

用户指令：

整合以下内容为完整计划：

1. 竞品三维打击策略；

2. 增长飞轮模型；

3. 战役资源部署。

要求：添加 CEO 寄语、行业趋势预判、跨部门协同机制，正文控制在 3500 字以内。

DeepSeek 输出：

2025 新能源汽车充电桩市场攻坚计划（执行版）

××科技市场部

CEO 战略指引

"用技术破局，以密度换规模，打穿华东、决战华南。"

一、破局点选择

1. 技术侧：集中火力攻克液冷超充技术（专利缺口 23 项）；

2. 区域侧：长三角城市群实现 100% 覆盖（当前为 32%）；

3. 客户侧：头部物流企业签约率达 70%（当前为 45%）。

二、增长飞轮设计

```mermaid
flowchart LR
A［技术突破］--> B（高溢价产品）
B --> C（优质客户）
C --> D（运营数据）
D --> E（技术迭代）
```

▶ 飞轮增速：每 6 个月市场占有率提升 5 个百分点

三、跨部门协同

1. 研发部：前置市场需求到产品定义（需求传递 ≤ 3 天）；

2. 供应链：建立战时响应机制（交付周期压缩 40%）；

3. HR：制订"攻城狮"激励计划（拿下关键城市奖励期权）。

四、风险预警

风险等级	场景	应对预案
红色	竞对降价 30%	启动"技术增值包"对冲
橙色	核心供应商断供	启用二供体系 +3D 打印应急
黄色	政策补贴退坡	提前布局工商业储能组合模式

附件：

1. 液冷超充技术路线图（2025—2027）

2. 长三角城市充电热力图

3. 特瓦特竞品分析手册（机密版）

第七轮指令：植入行业洞察

用户指令：

终极升级：

1. 添加新能源车渗透率预测模型；

2. 绑定碳中和政策红利；

3. 设计生态合作图谱。

DeepSeek 输出：

【战略终章】

趋势引擎：

据 BNEF 预测，2025 年新能源车渗透率将达 45%（当前为 28%）；

每提升 1% 的渗透率，充电桩需求增长 3.2 万台。

政策借力：

申报"新基建示范项目"（补贴覆盖率可达 30%）；

接入国家充电设施监测平台（获数据接口特权）。

生态联盟：

```mermaid
graph LR
A［我司］--> B（电网公司）
A --> C（地产集团）
A --> D（车联网平台）
B --> E（电价优惠）
C --> F（场地资源）
D --> G（用户数据）
```

【流程总结】

通过七轮精准推演，DeepSeek 完成：

1. 竞争解构：三维透视竞对技术/渠道/品牌护城河；

2. 路径设计：用军事化战役模型拆解增长目标；

3. 资源耦合：按 ROI 最优分配预算与人力；

4. 风险预埋：构建三级预警响应体系；

5. 生态绑定：将单点突破升级为系统战。

最终成果：生成一份 3470 字的智能市场计划，含 9 个动态模型、23 项打击策略、5 层风险管控，获董事会"最具战略穿透力计划"评价，成为行业标杆案例。

7.3　技术部门规划：DeepSeek 拆解任务到代码级 TODO

凌晨 2 点，××科技 CTO 李航盯着满屏的年度技术规划草稿，屏幕荧光映着他脸上泛青的胡楂儿。董事会要求"将 AI 中台升级计划拆解到代码级任务"，但技术方案散落在 12 份设计文档、7 个 Git（分布式版本控制系统）仓库和 23 次技术评审会纪要中。他的记事本上标注着核心痛点：

技术债务：核心服务单体架构耦合度高达 78%，无法支撑千万级并发；

交付压力：须在 9 个月内完成微服务化改造+AI 能力升级；

人才缺口：精通分布式系统的工程师仅 3 人，缺口达 70%；

风险黑洞：第三方算法库存在许可证冲突风险。

李航点开 DeepSeek 技术规划模块，启动"原子化拆解"模式。

第一轮指令：生成技术框架

用户指令：
生成 AI 中台升级技术规划框架，须包含：
1.架构演进路线（单体→微服务→云原生）；
2.核心能力升级点（AI 模型/算法引擎/数据管道）；
3.代码级任务拆解（模块/接口/依赖项）；
4.技术风险管控（性能/安全/合规）；
5.资源需求矩阵。
要求：使用四级标题体系，支持插入架构图与代码片段。
DeepSeek 输出：

2025 年 AI 中台升级技术规划
××科技技术部

一、架构演进蓝图

1.1　现状分析：单体架构技术债务清单

1.2　阶段目标

Q1：核心服务解耦（耦合度≤30%）

Q2：微服务网格化部署

Q4：全面云原生化

二、能力升级路径

2.1　AI 模型工厂

支持百亿参数模型实时训练

2.2　统一算法引擎

兼容 TensorFlow/PyTorch/MindSpore

2.3　智能数据管道

实现 PB 级数据秒级检索

三、代码级任务库

3.1　服务拆分 TODO

3.2　API（应用程序编程接口）治理 TODO

3.3　依赖项迁移 TODO

四、风险防控体系

4.1　性能压测方案

4.2　开源协议审查

4.3　熔断降级策略

五、资源需求矩阵

5.1　人力资源作战地图

5.2　算力资源扩容计划

5.3　第三方采购清单

附件：

1. 架构演进甘特图

2. 微服务拆分白名单

3. 许可证风险扫描报告

系统提示：检测到任务颗粒度过大，建议细化至类/方法级别。

第二轮指令：拆解代码级 TODO

用户指令：

展开第三部分"代码级任务库"，要求：

1. 分模块（用户中心／订单服务／算法平台）拆解；

2. 每个模块包含接口定义、依赖项、测试用例；

3. 使用代码片段示例关键改造点。

DeepSeek 输出：

三、代码级任务库

3.1　用户中心微服务化

接口定义：

```java
// 原单体接口
@PostMapping("/user/create")
public User createUser(@RequestBody UserDTO dto)
{// 耦合权限校验与日志服务 }
// 新接口拆分 TODO
@PostMapping("/auth/validate")// 拆至鉴权服务
@PostMapping("/user/base/create")// 仅处理核心逻辑
```

依赖迁移：

▶ 移除对 log-service 的直接调用 → 改用 Kafka 异步日志。

▶ 解耦权限校验逻辑 → 迁移至 auth-service。

测试用例：

```python
def test_user_creation_without_auth():
    response=client.post("/user/base/create", data=test_data)
    assert response.status_code == 403 # 期望鉴权拦截
```

3.2　算法引擎升级

核心改造：

```python
原硬编码框架
def train（model_type='tf'）：
    if model_type == 'tf'：
        run_tensorflow（）
    elif model_type == 'torch'：
        run_pytorch（）
新抽象层 TODO
class UnifiedEngine：
    def __init__（self, backend）：
        self.adaptor=get_adaptor（backend）# 动态加载适配器
    def train（self, data）：
        return self.adaptor.compile（data）.train（）
```

第三轮指令：设计技术演进甘特图

用户指令：

生成架构演进时间线，要求：

1. 分服务拆分 / 技术升级 / 压力测试三阶段；

2. 标注代码冻结点与灰度发布节点；

3. 使用甘特图展示并行任务流。

DeepSeek 输出：

一、架构演进蓝图

```mermaid
gantt
title AI 中台升级作战时间轴
dateFormat    YYYY-MM-DD
section 服务拆分
用户中心解耦        ：active, 2025-01-06, 2025-02-28
订单服务拆分        ：2025-03-01, 2025-04-15
支付服务拆分        ：2025-04-16, 2025-05-31
section 技术升级
统一算法引擎        ：crit, 2025-02-01, 2025-06-30
数据管道重构        ：2025-05-01, 2025-08-31
section 验证阶段
全链路压测          ：2025-09-01, 2025-10-15
灰度发布（10%）：milestone, 2025-10-20
```

关键里程碑：

3月31日：完成核心服务接口冻结（禁止新增单体调用）

8月31日：通过10万TPS（每秒事务处理量）压力测试（SLA ≥ 99.99%）

第四轮指令：制定风险熔断机制

用户指令：

完善第四部分"风险防控"，要求：

1. 列出TOP3技术风险及应对代码；

2. 设计自动回滚方案；

3. 添加许可证审查案例。

DeepSeek输出：

四、风险防控体系

4.1 性能雪崩应对

场景：分布式锁竞争导致API超时

解决方案：

```go
// 降级为本地锁 + 异步补偿
func GetResource（resId string）{
  if !distributedLock.Acquire（resId）{
    localLock.Lock（）
    go asyncSync（resId）// 后台异步协调
  }
}
```

4.2 许可证冲突

高危项：源代码中使用AGPL协议的ImageProcess库

整改代码：

```python
替换为Apache 2.0许可的OpenCV版本
from image_pro import enhance
+ import cv2
cv2.createCLAHE（）.apply（img）
```

4.3 自动回滚设计

```yaml
CI/CD 流水线配置
rollback_rules：
  metric：api_error_rate
    threshold：5%
    action：
      revert_git_commit：${BUILD_ID}
      rollback_k8s：canary
```

第五轮指令：量化资源需求

用户指令：

生成第五部分"资源需求矩阵"，要求：

1. 分研发／测试／运维三线统计人力；

2. 设计弹性算力调度方案；

3. 绑定项目阶段分配预算。

DeepSeek 输出：

五、资源需求矩阵

5.1 特种部队编制

角色	Q1—Q2	Q3—Q4	技能要求
微服务架构师	3	2	精通 Istio+Envoy
AI 算法工程师	5	8	多框架融合经验
SRE 工程师	2	4	精通混沌工程

5.2 算力弹性方案

```mermaid
pie
title Q2 算力分配比例
"模型训练"：45
"压力测试"：30
"日常开发"：15
"备用"：10
```

5.3 预算阶段分配

阶段	预算（万元）	重点投向
服务拆分	800	架构师人力＋容器化改造
能力升级	1200	GPU 集群扩容
验证发布	500	混沌工程平台采购

第六轮指令：生成终版规划

用户指令：

整合以下内容为完整规划：

1. 架构演进与技术方案；

2. 代码级任务清单；

3. 资源与风控体系。

要求：添加 CTO 寄语、技术价值观宣言、专利布局计划，正文字数控制在 3500 字以内。

DeepSeek 输出：

2025 年 AI 中台升级技术规划（执行版）
××科技技术部

CTO 技术宣言

"用每行代码构筑护城河，以原子化拆解实现架构新生。"

一、技术作战地图

1. 核心战役：

   歼灭单体架构（攻克 78% 耦合度）

   占领多框架兼容高地（支持 5 大 AI 引擎）

   构建 PB 级智能数据管道

2. 代码级军规：

   所有新服务必须通过《微服务十二要素》验证

   关键算法须提供多框架实现（TensorFlow/PyTorch 双版本）

二、专利布局计划

1. 核心技术：

   分布式模型训练调度算法（专利申请号：2025100234）

   多模态数据管道优化方法（已获受理）

2. 开源战略：

   将轻量级推理框架捐献给 LF AI（Linux 人工智能）基金会

   主导制定《云原生 AI 平台接口规范》

三、技术价值观

质量信条

   单测覆盖率 ≥ 85% 方可进入集成测试

   生产环境 BUG 分级 SLA：

   P0 级：15 分钟响应，2 小时修复

   P1 级：1 小时响应，24 小时修复

四、特别行动小组

1. 架构重组组：

   攻坚任务：3 个月内解耦用户/订单/支付服务

   特权：直接调用 CTO 储备金（单笔 ≤ 50 万元）

2. AI 突击队：

   目标：百亿参数模型训练耗时从 72 小时压缩至 8 小时

   资源：独占 A100 集群（128 卡）

附件：

1. 微服务拆分 CHECKLIST（含 128 项验收点）

2. 压力测试场景库（含 23 种故障注入模式）

3. 第三方依赖许可证白名单

第七轮指令：植入工程哲学

用户指令：

终极升华：

1. 提炼架构设计原则；

2. 绑定 DevOps（开发和运维）文化转型；

3. 添加技术影响力指标。

DeepSeek 输出：

【技术哲学终章】

架构宪法：

单向依赖原则（下游服务不可反向调用）

容错优先原则（所有 API 默认降级策略）

可观测性强制标准（暴露 4 类黄金指标）

DevOps 革命：

推行"代码即架构"文化（架构图自动生成于代码注释）

建立技术债追踪系统（债务利息 = 修复成本 × 时间系数）

影响力指标：

年度新增技术专利 ≥ 15 项

核心论文入选顶会（NeurIPS/CVPR）

GitHub Star 增长 300%（当前 5200+）

【流程总结】

通过七轮原子化拆解，DeepSeek 完成：

1. 任务下沉：将架构目标拆解至类/方法级别 TODO；

2. 风险显性化：代码级风险案例 + 自动化防控；

3. 资源穿透：按毫核精度调度算力；

4. 文化重塑：将工程原则植入代码规范；

5. 战略升维：专利布局与技术影响力绑定。

最终成果：生成一份 3520 字的技术规划，含 647 个代码级 TODO、23 项架构军规、5 层熔断防护，成为董事会认证的"最具落地性技术蓝图"。

7.4 财务预算报告：DeepSeek 设计成本收益对比表

深夜 12 点，××集团财务总监林悦盯着屏幕上的预算草案，指尖在计算器上飞速跳动。董事会要求"用成本收益动态模型证明每分钱的价值"，但数据散落在 23 个部门的报销系统、15 份合同和 7 个投资方案中。她的笔记本上标注着核心矛盾：

成本黑洞：营销费用同比激增 58%，但转化率仅提升 3%；

收益模糊：研发投入 1.2 亿元，但专利商业化率不足 20%；

对标缺失：缺乏行业成本结构基准数据；

博弈困境：业务部门预算申请总额超集团上限 2.3 倍。

第一轮指令：生成预算框架

用户指令：

生成财务预算报告框架，须包含：

1. 历史成本收益回顾（分部门／项目）；

2. 新年度预算分配模型；

3. 成本收益对比表（动态 ROI 预测）；

4. 风险敏感度分析；

5. 弹性调整机制。

要求：使用四级标题体系，支持插入动态数据看板。

DeepSeek 输出：

2025 年度集团财务预算报告
××集团财务部

一、历史绩效透视

1.1 成本结构分析（2024）

1.2 收益贡献矩阵（按事业部）

1.3 投资回报率（ROI）TOP10 项目

二、预算分配蓝图

2.1　总预算池：15.6亿元（同比 +8%）

2.2　分配逻辑

▶战略优先级加权（40%）

▶历史 ROI 表现（30%）

▶风险调整系数（30%）

三、成本收益沙盘

3.1　事业部级对比表

3.2　项目级价值热力图

3.3　动态 ROI 模拟器

四、风险预警体系

4.1　关键变量敏感度分析

4.2　黑天鹅事件应对预案

4.3　现金流压力测试

五、弹性管理机制

5.1　季度滚动预算规则

5.2　超额完成奖励池

5.3　预算调剂审批流程

附件：

1. 行业成本结构对标报告

2. ROI 动态计算模型（Excel）

3. 现金流预测甘特图

系统提示：检测到博弈冲突风险，建议增强价值论证权重。

第二轮指令：构建历史透视表

用户指令：

填充第一部分"历史绩效"，要求：

1. 分部门统计成本/收益/ROI；

2. 使用瀑布图展示成本结构变化；

3. 标注异常值案例。

DeepSeek 输出：

一、历史绩效透视

1.1　2024 年成本结构

```mermaid
bar
title 成本构成分析（单位：亿元）
category 人力，营销，研发，行政，其他
series "2023" [4.2, 3.8, 2.1, 1.5, 0.9]
series "2024" [5.0, 6.0, 2.7, 1.8, 1.1]
```

▶ 营销费用增幅 58%（绝对值增长 2.2 亿元）。

1.2　收益贡献 TOP5 事业部

事业部	营收（亿元）	净利润率	ROI
新能源车	32.5	18%	2.1
云计算	28.7	15%	1.8
智能硬件	25.3	12%	1.2

问题标注：

▶ 智慧医疗 ROI 仅 0.3（投入 8000 万元，收益 2400 万元）。

▶ 海外电商亏损 5200 万元（流量成本占比超 70%）。

第三轮指令：设计动态对比表

用户指令：

生成第三部分"成本收益沙盘"，要求：

1. 分战略 / 维持 / 收缩三类项目；

2. 添加乐观 / 中性 / 悲观三场景预测；

3. 使用热力图呈现价值密度。

DeepSeek 输出：

成本收益沙盘

3.1　战略级项目对比

项目名称	预算（万元）	预期收益（万元）	ROI（中性）	优先级
自动驾驶研发	25000	68000	2.72	S级
东南亚市场开拓	18000	42000	2.33	A级

3.2　场景化 ROI 预测

mermaid
line title 自动驾驶研发 ROI 敏感性分析 ×A×is 场景：悲观，中性，乐观 series "营收"［45000，68000，92000］ series "成本"［28000，25000，23000］

3.3　价值热力图

mermaid
heatmap title 项目价值密度矩阵（ROI vs 战略权重） axis 高 ROI 高战略，高 ROI 低战略，低 ROI 高战略，低 ROI 低战略 projects 　"自动驾驶"：［2.7，0.9］ 　"智慧医疗"：［0.3，0.6］ 　"元宇宙"：［1.2，0.4］

第四轮指令：量化风险熔断点

用户指令：

完善第四部分"风险敏感度分析"，要求：

1. 定义三个关键风险变量及阈值；

2. 设计自动预算冻结规则；

3. 添加现金流压力测试模型。

DeepSeek 输出：

风险预警体系

4.1　风险变量监控

变量	警戒阈值	应对措施
毛利率下滑	≤15%	冻结营销费用50%
应收账款周转率	≥60天	启动保理融资预案
汇率波动	±7%	启用外汇期权对冲

4.2　现金流压力测试

```
mermaid
pie
title 极端场景现金消耗（单位：月）
"正常运营"：6.2
"营收下降30%"：3.8
"供应链中断"：2.1
```

▶ 安全底线：维持3个月现金流（当前储备：4.1个月）

第五轮指令：制定弹性规则

用户指令：

生成第五部分"弹性调整机制"，要求：

1. 分阶段释放预算（如按季度／里程碑）；

2. 设计超额收益分成模型；

3. 添加跨部门调剂规则。

DeepSeek 输出：

五、弹性管理机制

5.1　预算释放规则

部门类型	首期释放	中期释放条件	尾款条件
战略攻坚部门	50%	ROI达成率≥80%	通过终期评审
维持运营部门	30%	成本节约率≥15%	无重大不合规问题

5.2　超额奖励池

▶ 部门超额收益的30%进入奖励池

▶ 分配公式：

　　奖金 =（实际ROI- 目标ROI）× 预算额 ×15%

5.3 跨部门调剂

▶允许部门间预算转让（手续费率为5%）

▶战略项目享有优先调剂权（可溢价20%）

第六轮指令：生成终版报告

用户指令：

整合以下内容为完整报告：

1. 历史数据对标；

2. 动态价值模型；

3. 弹性风控体系。

要求：添加CFO寄语、行业成本分位值、数字化管理计划，正文字数控制在3500字以内。

DeepSeek输出：

2025年度集团财务预算报告（执行版）
××集团财务部

CFO价值宣言：

"让每分钱穿越战略靶心，用动态模型终结资源错配！"

一、成本革命行动

1. 精准打击低效支出

▶砍掉ROI＜1的5个项目（释放预算1.2亿元）。

▶营销费率从18%压缩至15%（行业P75为14%）。

2. 重注战略高地

▶自动驾驶研发预算↑65%（至2.5亿元）。

▶东南亚市场开拓预算↑120%（至1.8亿元）。

行业对标锚点

指标	我司	行业P50	行业P75
研发费用占比	12%	10%	15%
营销费用占比	18%	16%	20%
管理费用占比	6%	7%	5%

……

三、数字化管控升级

1. 实时仪表盘

▶预算执行偏差超 5% 自动预警。

▶ROI 动态追踪（按小时更新）。

2. 智能审计

▶NLP（自然语言处理）识别异常报销（准确率达 92%）。

▶区块链存证关键合同。

……

附件：

1. 成本收益动态模型（支持在线模拟）

2. 行业成本结构白皮书

3. 现金流压力测试工具

第七轮指令：植入财务战略

用户指令：

终极升华：

1. 绑定 ESG 财务指标；

2. 设计资本运作路线；

3. 添加股东回报承诺。

DeepSeek 输出：

【战略终章】

ESG 财务融合：

▶绿色融资占比提升至 30%（当前 12%）。

▶碳成本核算覆盖 100% 项目（碳足迹追踪系统上线）。

资本运作蓝图：

▶Q2 启动东南亚子公司 Pre-IPO 轮融资（目标估值 50 亿元）。

▶探索自动驾驶业务分拆上市（2026 年申报科创板）。

股东回报承诺：

▶每股分红增长率 ≥ 8%（2024 年为 5%）。

▶回购计划：年内回购2%流通股（约6亿元）。

【流程总结】

通过七轮价值穿透，DeepSeek完成：

1. 数据显性化：将散落数据整合为动态模型；

2. 精准狙击：用热力图定位低效支出；

3. 弹性管控：设计预算释放与调剂规则；

4. 风险预埋：构建现金流压力测试体系；

5. 战略升维：绑定资本运作与股东回报。

最终成果：生成一份3460字的财务预算报告，含18张智能报表、9个动态模型、5层风控规则，获董事会"最具投资纪律性预算方案"评价，成为行业标杆案例。

第八章
职场文案——DeepSeek 高情商表达术

写文案，有时候就像在玩一场高难度的文字游戏。既要逻辑清晰，又要情感到位，还得让对方看了愿意继续沟通或者行动。然而，很多人写文案时，要么条理不够清楚，要么语气太生硬，甚至一不小心就让人觉得"这个人是不是不太会说话"。结果满腔的想法没传达清楚，工作效率也受到影响。

第八章"职场文案——DeepSeek 高情商表达术"要讲的，就是如何用文字打动别人、解决问题。DeepSeek 不仅能帮你梳理信息，让内容更有条理，还能优化你的表达方式，让文案看起来既专业又有温度。无论是商务邮件、项目报告，还是宣传材料，都能通过它让你的每一句话更有力量。

8.1 催办邮件：DeepSeek 让拖延症同事主动加班

深夜 11 点，"智慧园区"项目经理周然盯着钉钉界面，眉头紧锁。距离"智慧园区"项目交付还剩 72 小时，可后端接口联调进度仍卡在 67%，开发组连续 3 天未更新状态。此前发送的 2 封催促邮件，只换来一句"在搞了"的敷衍回复。周然清楚，若此刻再发一封冷冰冰的"请加快进度"的邮件，只会让技术团队更抵触。但若用 DeepSeek 重构催办逻辑，或许能让对方从被动执行转向主动协作——毕竟，真正的职场高手，连催促都能让对方感受到价值认同。

第一轮指令：生成邮件核心框架

用户指令：
请生成催办邮件的核心结构框架，须包含以下要素：
1. 目标：推动接口联调任务按时完成；
2. 痛点：对方已拖延三天，须避免对抗性沟通；
3. 策略：高情商表达，融合共情＋数据支撑＋资源支持；
4. 输出格式：使用三级标题体系，标明各部分内容的重点。

DeepSeek 输出：
催办邮件框架（"智慧园区"项目联调进度跟进）
主题：关于接口联调提速的协作邀请——共享冲刺方案与资源池
一、共情式开场
认可前期付出，建立情感联结
委婉提示风险（非指责性表述）
二、数据化问题聚焦
进度滞后对关键节点的影响（甘特图辅助）
历史响应效率对比分析
三、双赢解决方案
我方提供的紧急支持清单
协作优化建议（含具体动作拆分）

四、激励性收尾

里程碑达成奖励预告

柔性时间底线提示

第二轮指令：填充共情式开场

用户指令：

细化邮件开场部分，要求：

1. 先肯定技术团队近期的贡献（需具体案例）；
2. 用"共同挑战"替代"单方面催促"的表述；
3. 包含一个双方合作历史亮点回顾；
4. 语言风格：亲切但有专业感，避免过度口语化。

DeepSeek 输出：

一、共情式开场

标题：致敬凌晨的代码之光——致技术战友们的一封信

亲爱的后端组伙伴：

首先想对大家说声辛苦了！上周五凌晨 2 点路过办公区时，看到王工带着 3 名同事调试人脸识别闸机接口的场景，让我深刻感受到技术团队把不可能变为可能的硬核精神（特别点赞紧急修复闸机，将误识别率从 12% 降至 1.2% 的壮举）。

当前我们共同推进的"智慧园区"项目已进入最后冲刺阶段，就像去年合作"智能仓储系统"时，大家用 72 小时极限攻关拿下海关数据对接一样，这次我们同样面临一场必须打赢的战役。但与上次不同的是，这次我有责任提前同步一个风险预警：原定今天完成的 18 个核心接口联调，目前仅完成 12 个（进度 67%）。若延迟超过 24 小时，将导致整体验收延期，甚至影响客户季末结算（细节见下文分析）。

第三轮指令：数据化问题聚焦

用户指令：

制作"数据化问题分析"模块，须包含：

1. 进度滞后影响的量化计算（人力成本/违约金等）；

2. 甘特图对比计划与实际进度（用文字描述）；

3. 历史效率对比（选取同类项目数据）；

4. 风险提示使用"如果……那么……"句式，避免威胁语气。

DeepSeek 输出：

二、数据化问题聚焦

标题：72 小时倒计时——关键路径影响分析

1. 进度偏差影响

当前缺口：6 个高优先级接口未联调（列表详见附件 1）

每延迟 1 天将产生：

▶ 测试团队待机成本：8 人 ×10 小时 ×500 元 / 时 =4 万元。

▶ 客户违约金条款触发风险：合同金额的 0.5%/ 日（约 2.3 万元）。

2. 进度对比甘特图（文字版）

任务阶段	计划完成日	实际完成日	偏差
基础框架联调	12/5	12/5	0
支付模块对接	12/7	12/8	+1 天
安防系统集成	12/9	进行中	+2 天

3. 历史效能对标

在 2023 年 Q2 的"物流中台"项目中，同等复杂度的接口联调平均耗时 3.2 天 / 模块，而当前进度为 4.5 天 / 模块。若能恢复至历史效率水平，剩余任务可在 54 小时内完成。

4. 风险提示

如果能在 12 月 10 日 24 点前完成联调，我们仍可保留三轮全链路测试时间；若延迟至 11 日，则须启动紧急测试预案（压缩至一轮），这将使系统稳定性风险上升 35%。

第四轮指令：设计双赢解决方案

用户指令：

生成解决方案部分，要求：

1. 分"我方支持"与"协作优化"两个子模块；

2. 提供三项具体支援措施（人力／工具／决策权）；

3. 协作建议包含 SMART 原则动作；

4. 用清单体呈现，重点信息加粗。

DeepSeek 输出：

三、双赢解决方案

标题：资源池已就位——让我们高效拿下最后一公里

1. 项目组紧急支援清单

✓ 人力增援：抽调两名全栈工程师加入联调（早 9 点—晚 9 点全程驻场）

✓ 工具升级：开放 AI 调试助手 DeepSeek-Dev 权限，可自动生成 80% 的 Mock 数据

✓ 绿色通道：赋予技术组直接调用云计算资源的审批权（原需三级审批，现改为一键触发）

2. 协作优化建议

☐ 每日两次 15 分钟站会（早 10 点／晚 7 点，仅同步阻塞问题与下一步动作）

☐ 建立问题分级响应机制：

P0 级（影响联调）：30 分钟内响应

P1 级（局部阻塞）：2 小时内响应

☐ 实行里程碑奖励：每完成两个接口，触发一次团队咖啡车服务（附星巴克定制菜单）

第五轮指令：撰写激励性收尾

用户指令：

制作邮件结尾部分，须包含：

1. 阶段性成果奖励预告（非物质激励）；

2. 柔性时间底线提示；

3. 嵌入团队文化关键词；

4. 使用对仗工整的鼓励金句。

DeepSeek 输出：

四、激励性收尾

标题：终点线前的掌声与玫瑰

当我们共同跨越 12 月 10 日 24 点的里程碑时：

☐ 所有参与成员将获得"极限攻坚"电子勋章，永久记录在公司区块链荣誉系统中

☐ 联调代码中将嵌入贡献者签名彩蛋，客户演示时可触发专属动画

我知道，大家在未来三天保持高强度输出是个艰难的任务。因此特别申请了弹性机制：

核心时段：12/9—12/11 每天 10：00—22：00 必须在线

缓冲时段：22：00—24：00 允许远程支持（响应时效放宽至 1 小时）

最后，想起我们技术部的信条：代码构筑信任，协作定义未来。正如去年我们在深夜携手攻克的支付风控难题，这次经历也必将成为各位履历中又一枚闪亮的勋章。

期待明天站会上看到各位战友，我已准备好红牛补给包与最新调试日志——让我们的"智慧园区"项目，成为客户数字化转型的标杆案例！

第六轮指令：整合完整邮件

用户指令：

将以下模块整合为正式邮件：

1. 共情开场（含历史案例）；
2. 数据分析（甘特图 + 风险测算）；
3. 解决方案（资源清单 + 协作机制）；
4. 激励收尾（奖励 + 文化呼应）。

要求：补充邮件基础要素（发件人/抄送等），正文字数控制在 500 字以内，附件用占位符标注。

DeepSeek 输出：

发件人：周然 <zhou.ran@××tech.com>

抄送：技术总监陈立、PMO 李潇

主题：【资源就绪】"智慧园区"接口联调冲刺邀请函——附紧急支援清单

亲爱的后端组战友：

首先致敬各位的硬核精神！上周五凌晨修复闸机误识别率的壮举（从 12% 降至 1.2%），再次证明我们团队有化危机为转机的超凡能力。（共情开场）

当前项目进入最后 72 小时冲刺，但接口联调进度滞后 33%（1/3 未完成）。每延迟一天将产生 4 万元待机成本 +2.3 万元违约金风险。历史数据表明，若能恢复"物流中台"项目的效率水平，我们仍可逆风翻盘！（数据分析）

为此，项目组已启动三级支援：

☐ 增派两名全栈工程师驻场
☐ 开放 AI 调试助手 DeepSeek-Dev
☐ 授予云计算资源一键调用权（详见附件 1）

建议今日起实行：

☐ 每日 10：00/19：00 两次站会（限时 15 分钟）
☐ P0 级问题 30 分钟响应机制
☐ 每完成两个接口触发咖啡车服务（激励措施）

若能在 12 月 10 日 24：00 前达标，所有贡献者将获得"极限攻坚"电子勋章 + 代码彩蛋荣誉。请查收附件中的弹性工作机制与调试日志，红牛补给包已放置在 A3 会议室。（激励收尾）

让我们再现去年攻克支付风控难题的辉煌！

此致

"智慧园区"项目经理

周　然

2023 年 12 月 8 日

附件：

1. 接口联调紧急支援清单
2. 甘特图进度对比表
3. 弹性工作安排细则

第七轮指令：情绪价值加持

用户指令：

进行高阶润色：

1. 在关键位置插入技术圈层梗（如"消灭祖传代码"）；

2. 将"要求"改为"邀请"句式；

3. 添加一处程序员幽默元素；

4. 用蓝色标注积极词语，用红色标注风险提示。

DeepSeek 输出：

优化版节选

这次我们要"像优化算法一样迭代效率"——听说张工已经摩拳擦掌准备"消灭祖传代码"了？

当前"技术债"开始产生利息：每延迟一天将触发 4 万元待机成本 +2.3 万元违约金（计算公式详见附件）。但历史数据证明，咱们最擅长的就是"用快捷键跨越 deadline"！

温馨提示：完成所有联调的朋友，可解锁"代码彩蛋"——当客户点击"关于我们"时，会弹出"本系统由地表最强战队——后端组——编译通过"的专属动画（彩蛋测试版已发至工作群，欢迎试玩找 bug，找到者奖励奶茶券）。

【最终成果】

通过七轮指令迭代，DeepSeek 助力完成：

1. 情感账户充值：用共情开场替代指责，充值率为 +200%；

2. 数据穿透力：5 类量化指标，让拖延成本显性化；

3. 资源杠杆效应：3 项支援措施降低对方执行阻力；

4. 游戏化设计：勋章 + 彩蛋，激发团队荣誉感。

最终生成的邮件：

字数：正文 487 个字 + 附件；

要素：4 大模块 +3 个附件；

效果预测：阅读后响应率提升 70%，协作意愿度达 85%。

这封邮件证明：真正的催办不是施压，而是用高情商表达构建共同战场——当对方主动说出今晚通宵搞定时，便是职场文案的终极胜利。

8.2　道歉函：DeepSeek 三段式熄灭客户怒火

凌晨3点，××云计算公司客户成功经理林薇的电脑屏幕泛着冷光，邮箱里躺着5封来自A级客户星海医疗的投诉信。因服务器突发故障，客户的核心业务系统瘫痪12个小时，全国80家医院的电子病历调取服务中断，直接损失预估超200万元。更棘手的是，客户CTO在邮件中写道："如果这就是你们的SLA承诺，我们不得不重新评估合作。"

林薇清楚，此刻若用模板化的"深表歉意"敷衍，只会加速客户流失。但借助DeepSeek的"三段式灭火法"——诚恳担责＋根因分析＋超预期补偿，或许能将危机转化为重建信任的契机。

第一轮指令：生成道歉函核心框架

用户指令：
生成道歉函的核心结构框架，须包含：
1. 核心目标：挽回客户信任，避免诉讼风险；
2. 关键要素：三段式结构（诚恳担责＋根因分析＋超预期补偿）；
3. 附加要求：嵌入SLA数据对比、客户业务影响量化；
4. 格式规范：使用商务信函标准模块，标注每部分内容的重点。

DeepSeek 输出：
道歉函框架（星海医疗系统故障事件）
主题：关于12月5日系统故障的致歉与修复承诺
一、责任声明（第一段）
明确承认违约事实，使用"我们全责"句式
量化客户损失（引用具体数据）
表达高层重视（CEO直接致歉）
二、根因分析与修复进展（第二段）
技术故障溯源（流程图辅助说明）
当前修复状态（实时数据播报）
SLA数据对比差距（表格呈现承诺 vs 实际）

三、补偿与预防方案（第三段）

直接赔偿方案（服务抵扣+现金补偿）

长期信任重建计划（技术加固+专属保障）

高层问责机制（公开处罚、通报）

四、结尾承诺（第四段）

定期透明汇报（修复进度周报）

客户专属服务通道（7×24小时技术响应）

用行业标杆案例增强信心

第二轮指令：撰写责任声明

用户指令：

细化第一段责任声明部分，要求：

1. 使用"三级道歉"结构（公司+团队+个人）；
2. 包含客户损失的具体计算逻辑；
3. 引用CEO直接表态（虚拟但合理）；
4. 语言风格：沉重但专业，避免过度卑微。

DeepSeek输出：

一、责任声明

标题：我们未能守护您的信任

尊敬的星海医疗团队：

作为××云服务的CEO，我代表全体成员向您郑重道歉。在12月5日14：00—12月6日2：00，我司华东三区服务器集群故障，造成贵司电子病历系统服务中断12小时，全国80家医院共计214500次病历调取失败。根据贵司提供的业务影响报告，我们测算此次故障导致直接损失约238万元（含医护人员待工成本、紧急预案启动费用及患者投诉赔偿）。

此次事件完全暴露了我司在灾备机制上的重大缺陷，我们承担全部责任。技术团队未能达到99.99%的SLA承诺，客户成功部门也未能及时同步故障进展。作为CEO，我已责令成立专项整改委员会，本人将直接督导后续改进工作。

第三轮指令：制作根因分析模块

用户指令：

生成根因分析部分，须包含：

1. 技术故障溯源（使用鱼骨图要素）；
2. 修复进展时间轴（精确到分钟）；
3. SLA 数据对比表格（承诺值/实际值/行业均值）；
4. 用根本原因→临时方案→长期方案逻辑链。

DeepSeek 输出：

二、故障溯源与修复进展

标题：从故障到修复的 452 分钟

1. 根因分析（基于初步排查）

主因：自动化运维脚本逻辑错误

▶ 直接诱因：夜间批量更新时误删容灾节点

▶ 系统缺陷：

①未设置删除操作二次确认机制

②监控系统未能识别节点异常下线

▶ 管理漏洞：

①变更窗口期未执行红蓝对抗测试

②值班工程师响应超时 22 分钟

2. 修复时间轴

14：07 故障发生（节点异常下线警告）

14：22 启动三级应急响应

15：10 定位误删节点（工程师人工排查）

16：45 完成镜像恢复（启用冷备数据）

21：39 全节点服务恢复

3. SLA 数据对比

指标	合同承诺	实际表现	行业 TOP3 均值
可用性	99.99%	98.73%	99.97%

续表

指标	合同承诺	实际表现	行业 TOP3 均值
故障响应时效	≤ 15 分钟	22 分钟	12 分钟
数据恢复 RTO	≤ 1 小时	7.5 小时	45 分钟

4. 改进承诺

立即行动：为贵司开启独立容灾集群（本周内迁移完成）

长期方案：重建运维审核体系（2024.Q1 通过 ISO22301 认证）

第四轮指令：设计补偿方案

用户指令：

生成"补偿方案"模块，要求：

1. 分"直接赔偿"与"信任重建"两类；

2. 包含三种补偿形式（服务/现金/权益）；

3. 使用表格量化每项措施；

4. 加入"超预期"元素（如提供免费驻场工程师）

DeepSeek 输出：

三、补偿与预防计划

标题：用行动重建信任纽带

1. 直接赔偿方案

类别	内容	价值	生效时间
服务抵扣	未来 12 个月服务费减免 40%	约 152 万元	即日生效
现金补偿	一次性支付协议损失金额的 30%	71.4 万元	5 个工作日内
专属权益	赠送 200 小时 AI 运维顾问服务	市场价 50 万元	2024.1.1

2. 信任重建计划

技术保障：

✓ 指派两名 SRE 工程师驻场三个月（成本由我司承担）

✓ 每周提交系统健康度报告（含 20 项核心指标）

服务升级：

✓ 开通 CTO 直连通道（30 秒接通保障）
✓ 故障演练每季度一次（模拟贵司真实业务场景）

3. 问责透明化

✓ 公开通报此次事件处理结果（含三名责任人职级调整）
✓ 将本次故障写入年度《可靠性白皮书》警示章节

第五轮指令：撰写结尾承诺

用户指令：

制作结尾部分，须包含：

1. 三项具体承诺（含时间节点）；
2. 引用行业权威认证增强可信度；
3. 嵌入客户行业关键词（如医疗数据安全）；
4. 使用对仗句式表达决心。

DeepSeek 输出：

四、我们的承诺

标题：以医疗级标准守护生命数据

1. 进度透明

▶ 每周五 18：00 发送《系统加固进度报告》（含甘特图与测试用例）。

▶ 2024 年 3 月 31 日前通过 HIPAA 合规认证（医疗数据安全标准）。

2. 能力升级

▶ 2024 年 Q1 投入 2000 万元升级智能运维中台。

▶ 与贵司共建容灾方案实验室（首批合作医院试点之一）。

3. 文化重塑

▶ 将 12 月 5 日定为公司"可靠性日"，全员参与故障复盘。

▶ 实行"客户一票否决制"（贵司可叫停任何变更操作）。

正如我们理解医疗行业"生命线不容中断"的信仰，未来我们将以手术刀般的精准运维，守护贵司每一字节的数据生命。

第六轮指令：整合完整道歉函

用户指令：

将以下模块整合为正式道歉函：

1. 责任声明（含 CEO 致歉）；

2. 根因分析（鱼骨图＋时间轴）；

3. 补偿方案（分级表格）；

4. 结尾承诺（行业对标）。

要求：补充商务信函格式要素，正文字数控制在 600 字以内，附件用占位符标注。

DeepSeek 输出：

发件人：郑明远（CEO）<zheng.my@××cloud.com>

主题：【郑重承诺】关于 12 月 5 日系统故障的致歉与重建计划

尊敬的星海医疗团队：

首先，我以 CEO 的身份向贵司致以最诚挚的歉意。因我司运维失误，造成贵司业务中断 12 小时，直接损失约 238 万元，我们承担全部责任。（责任声明）

故障根源与改进：

主因：自动化脚本误删容灾节点（详见附件 1 鱼骨图）

修复：耗时 7.5 小时恢复服务（对比承诺 RTO ≤ 1 小时）

行动：已为贵司启用独立容灾集群（本周完成迁移）

补偿方案：

☐ 未来 1 年服务费减免 40%（价值约为 152 万元）

☐ 现金赔偿 71.4 万元（5 个工作日内到账）

☐ 提供免费驻场工程师 +200 小时 AI 运维顾问服务

重建信任：

☐ 每季度联合故障演练（模拟真实医疗场景）

☐ 2024 年 Q1 通过 HIPAA 认证（详见附件 2）

我们深知医疗数据关乎生命。未来，我们将以"零失误"为目标重建信任。请查阅附件中的完整方案，期待与您共同书写可靠性的新标准。（结尾承诺）

此致

××云计算 CEO

郑明远

2023 年 12 月 7 日

附件：

1. 故障根因分析报告

2. HIPAA 认证实施计划

3. 赔偿协议确认函

第七轮指令：情绪温度升级

用户指令：

进行高阶润色：

1. 在关键位置插入医疗行业隐喻（如运维心电图）；

2. 将"赔偿"改为"信任修复基金"；

3. 添加一处数据可视化承诺（如实时监控仪表盘）；

4. 用颜色标注关键行动（绿色表示补偿/红色表示问责）。

DeepSeek 输出：

优化版节选

此次故障如同一次失控的"<red>运维心电图室颤</red>"，我们已组建顶尖"<green>技术急救小组</green>"进驻贵司。

即日起，您可随时访问 <green>"实时运维仪表盘"</green>（专属链接已发送），像监测患者生命体征一样查看：

服务可用性波动曲线

容灾节点心跳状态

数据流健康度评分

我们设立的 <green>"信任修复基金"</green> 不仅是赔偿，更是对未来的承诺——其中 10% 将用于与贵司共建医疗云安全实验室。

【最终成果】

通过七轮指令生成，DeepSeek 实现：

1. 责任转化：将"道歉"升级为"信任重建行动"；

2. 数据穿透：5 类量化指标 +3 份附件支撑专业度；

3. 行业共鸣：8 处医疗隐喻增强场景契合；

4. 超预期设计：驻场工程师 +HIPAA 认证打消疑虑。

最终函件：

字数：正文 583 个字 + 附件；

要素：4 大模块 +3 级补偿 +2 项认证；

效果预测：客户续约率提升 65%，危机转化商机可能性达 82%。

这封道歉函证明：最高级的危机公关不是辩解，而是用体系化方案让客户看到——错误终会过去，修正错误的诚意将成为新的竞争力。

8.3　项目提案：DeepSeek 设计四重利益钩吸引资源

周五傍晚，××集团战略部高级经理赵峰盯着会议室的玻璃白板，眉头紧锁。他负责的"智慧供应链升级"项目已卡在资源审批环节两个月——财务部质疑 ROI 测算模糊，技术部抱怨需求优先级低，业务部门则担心变革风险。提案 PPT 上的"降本增效"四个字显得苍白无力，而他的邮箱里躺着第五封来自 CFO 的追问："请用数据证明，为什么这个项目值得投入 2000 万元？"

赵峰明白，传统"痛点—方案"式提案已失效。他打开 DeepSeek，输入指令："设计四重利益钩，穿透部门墙。"真正的资源争夺，不是说服，而是让每个决策者看到"于我何益"。

第一轮指令：生成提案核心框架

用户指令：
生成"智慧供应链升级"项目提案框架，须包含：
1. 四重利益钩：财务收益、效率提升、风险控制、战略协同；
2. 结构要求：每重利益独立成章，含数据锚点、部门价值点；
3. 附加要素：跨部门利益矩阵图、投资回收期测算表；
4. 格式规范：使用商业计划书三级标题体系。

DeepSeek 输出：

智慧供应链升级提案框架

主题：四维价值解锁——2000 万元投资撬动 1.2 亿元收益的链式反应

一、项目背景与目标

行业痛点：传统供应链响应滞后成本占比达 18%

升级目标：构建 AI 驱动的实时决策供应链网络

二、四重利益钩设计

财务收益钩：成本节约 + 营收增长双引擎

效率革命钩：端到端流程提速 40%

风险护城河钩：断链预警提前 72 小时

战略协同钩：赋能集团数字化转型标杆

三、实施路径与资源需求

技术架构三阶段演进图

2000 万元预算分项表（含软硬件占比）

跨部门协作机制设计

四、收益验证与风控机制

ROI 测算模型（敏感度分析）

红蓝军对抗式压力测试方案

第二轮指令：细化财务收益钩

用户指令：

展开"财务收益钩"章节，要求：

1. 分短期（12 个月）与长期（3 年）收益测算；

2. 包含三类财务指标（成本节约/周转提升/坏账减少）；

3. 使用对比表格呈现行业基准与目标值；

4. 嵌入客户成功案例，增强可信度。

DeepSeek 输出：

二、四重利益钩设计

标题：财务收益钩——从成本中心到利润引擎

1. 短期收益（2024—2025）

指标	行业均值	目标值	价值量化
库存周转率	5.2 次/年	8.5 次/年	释放流动资金 1.2 亿元
物流成本占比	12.3%	9.8%	年节约 4800 万元
订单履约差错率	3.7%	1.2%	减少售后成本约 900 万元

2. 长期收益（2026—2027）

▶ 预测性采购模型降低原材料价格波动损失（预计年规避风险 2300 万元）。

▶ 智能合约应用减少账期纠纷（坏账率从 1.8% 降至 0.5%）。

3.客户验证案例

▶ 参照零售行业龙头 A 公司：部署类似系统后，三年累计 ROI 达 317%。

▶ 我司试点华东仓数据：SKU 缺货率下降 65%，促销备货准确率提升至 92%。

第三轮指令：设计效率革命钩

用户指令：

制作效率革命钩内容，须包含：

1.端到端流程重构方案（泳道图示意）；

2.人效提升测算（FTE 优化比例）；

3.时效性对标（行业最佳实践）；

4.加入 AI 应用场景说明。

DeepSeek 输出：

标题：效率革命钩——72 小时响应变实时决策

1.流程重构方案

传统流程：需求预测（7 天）→采购下单（3 天）→生产排期（5 天）→物流配送（5 天）

升级后流程：AI 需求感知（实时）→自动补货（24 小时）→动态排产（1 小时）→智能路由（分钟级）

2.人效提升

计划岗 FTE 减少 40%（AI 替代重复性工作）

调度响应速度提升 6 倍（从 30 分钟→5 分钟）

时效对标

环节	行业 TOP3 水平	本项目目标
缺货预警	24 小时	实时
异常处理	8 小时	1 小时
跨境清关	3 天	18 小时

3.AI 核心应用

需求感知模型：融合天气/舆情/竞品数据，预测准确率提升至 88%

动态路由引擎：实时计算 200+ 变量，配送成本降低 15%。

第四轮指令：构建风险护城河钩

用户指令：

生成"风险护城河钩"模块，要求：

1. 识别三类供应链风险（供应中断/价格波动/合规风险）；

2. 设计分级预警机制（含响应时效承诺）；

3. 加入保险对冲方案；

4. 使用 SWOT 分析，增强说服力。

DeepSeek 输出：

标题：风险护城河钩——从被动应对到主动防御

1. 风险矩阵

风险类型	发生概率	影响程度	现有控制力	新方案控制力
关键原料断供	高	灾难级	35%	82%
海运价格暴涨	中	严重	20%	68%
数据合规处罚	低	致命	50%	95%

2. 预警机制

▶ 一级预警（红色）：断供风险 >50% → 72 小时启动备用供应商。

▶ 二级预警（橙色）：价格波动 >20% → 自动触发期货对冲。

▶ 三级预警（黄色）：合规偏差 → 实时冻结问题链路。

3. 保险创新

▶ 与平安保险共研"供应链中断险"，保额覆盖直接损失的 80%。

▶ 引入区块链理赔系统，索赔周期从 45 天缩至 7 天。

第五轮指令：规划战略协同钩

用户指令：

设计"战略协同钩"章节，须包含：

1. 与集团数字化转型战略的契合点；

2. 上下游生态赋能计划；

3. 政府政策补贴利用方案；

4. 使用利益相关者地图可视化。

DeepSeek 输出：

标题：战略协同钩——打造数字生态核心节点

1. 战略契合度

直接支撑集团 2025 战略中的"智能底座工程"。

沉淀的 AI 能力可复用至零售 / 制造板块（节省重复研发费用 3000 万元）。

2. 生态赋能

向供应商开放库存可视系统（降低其备货成本 15%）。

为物流伙伴提供路由优化 SaaS 服务（创造年分成收入 500 万元）。

3. 政策红利

申请工信部"产业链协同创新"专项补贴（最高 800 万元）。

纳入自贸区数字基建重点项目（税收减免约 120 万元 / 年）。

4. 利益相关者地图

客户：获得 98% 订单满足率 → 续约率 +25%。

供应商：共享需求预测 → 排产效率 +30%。

政府：区域产业链数字化标杆 → 政企关系升级。

第六轮指令：整合完整提案

用户指令：

将以下模块整合为正式提案：

1. 四重利益钩（含数据表格）；

2. 实施路径甘特图；

3. ROI 敏感性分析；

4. 风险评估矩阵。

要求：补充商业计划书标准要素，正文字数控制在 600 字以内，附件用占位符标注。

DeepSeek 输出：

智慧供应链升级商业计划书（精简版）

一、为什么必须现在行动？

行业窗口期：竞争对手 B 公司已投入 1.5 亿元布局同类系统

成本临界点：每延迟 1 个月实施，年损失机会成本约 400 万元

二、四维价值释放

财务：3 年累计收益 1.2 亿元（IRR26%）

效率：订单交付周期从 14 天→5 天

风控：断链损失减少 75%

战略：抢占产业互联网入口

三、资源需求

预算：2000 万元（技术投入 65%+ 人才建设 25%+ 风险准备金 10%）

关键资源：数据中台对接权限、跨部门数据治理委员会

四、实施里程碑

2024 Q2：需求感知模型上线

2024 Q4：智能合约平台试运行

2025 Q2：全链路自动化率达 80%

附件：

1. ROI 测算详细模型

2. 供应商接入计划

3. 政策申报路线图

第七轮指令：决策者视角升级

用户指令：

进行高阶润色：

1. 添加三个董事会关注指标（EVA、战略对齐度等）；

2. 插入 Gartner 供应链排名对标；

3. 将"成本"改为"价值投资"表述；

4. 用颜色标注关键收益（绿色）与风险（红色）。

DeepSeek 输出：

优化版节选

本项目将提升集团 <green>经济增加值（EVA）</green>至 12.5%（当前 8.7%），并与 <green>2025 战略匹配度达 94%</green>（详见附件 BSC 评估）。

<green>Gartner 2023 供应链 TOP25</green>显示，部署智能系统的企业平均排名提升 15 位。我们的目标是通过此次升级，3 年内进入亚太区 <green>供应链敏捷性 TOP10</green>。

此次 2000 万元投入本质是 <green>"价值投资"</green> 而非成本——每 1 元投入将撬动 6 元收益，远超行业平均杠杆率（1∶3.8）。

【最终成果】

通过七轮指令生成，DeepSeek 实现：

1. 利益穿透：四重价值钩直击多部门诉求；

2. 数据武装：23 项量化指标 +6 份附件支撑；

3. 风险对冲：三级预警 + 保险创新打消顾虑；

4. 战略升维：生态位设计打开想象空间。

最终提案：

字数：正文 598 个字 + 附件；

要素：4 维价值 +3 阶段路径 +5 类风控；

效果预测：过会率提升至 85%，资源争夺周期缩短 60%。

这份提案证明：资源的本质是流动的价值——当每个决策者都能在蓝图里找到自己的坐标时，反对票自然会转化为助推器。

8.4　商务合作函：DeepSeek 生成互利条款 + 风险规避

周三上午 10 点，××新能源公司商务总监沈悦的电脑屏幕上弹出一封邮件——长期合作伙伴"绿能科技"对联合研发协议中的技术分成条款提出异议，要求将分成比例从"三七"改为"五五"，并拒绝承担数据泄露连带责任。法务部标注了 23 处风险点，而 CEO 的批示赫然在目："今天必须发修订版，既要留住合作，又不能让公司吃亏。"

沈悦清楚，传统"条款拉锯战"只会消耗彼此的信任。她调出 DeepSeek 输入指令："生成互利条款 + 风险规避双引擎合作函"。真正的商务谈判，不是零和博弈，而是用精准设计让双方都觉得自己赢了。

第一轮指令：生成合作函核心框架

用户指令：
生成商务合作函核心框架，须包含：
1. 双赢结构：分"共同价值""权责分配""风险管控"三大模块；
2. 关键要素：动态分成模型、知识产权归属矩阵、违约阶梯处罚；
3. 数据支撑：历史合作收益对比表、行业标准参照；
4. 格式规范：使用国际商务协议通用条款结构，标注每部分内容的重点。

DeepSeek 输出：
商务合作函框架（××新能源 & 绿能科技联合研发协议）
主题：关于××项目联合研发的共赢方案提案
一、共同价值创造
技术协同效应分析（专利交叉授权收益）
市场扩张路径图（分区域收益测算）
二、权责动态分配机制
1. 投入产出匹配模型
研发投入占比与分成系数联动公式
里程碑奖励触发条件

2. 知识产权归属规则

基础专利／衍生专利／改进专利分类管理

三、风险控制体系

数据安全三层防护方案（技术／制度／保险）

违约情形分类与对应罚则（违约金＋权益冻结）

四、附则

争议解决优选地条款

协议有效期与续约条件

第二轮指令：设计权责动态分配模型

用户指令：

细化"权责分配"模块，要求：

1. 研发投入分档触发不同分成比例；

2. 加入技术贡献度加权系数；

3. 提供三个历史合作案例对比；

4. 用公式＋案例结合方式呈现。

DeepSeek 输出：

二、权责动态分配机制

标题：动态分成模型——让投入与回报精准匹配

1. 基准公式

最终分成比例 = 基础比例 ×（实际研发投入／约定投入）× 技术贡献系数

基础比例：我司占 55% vs 贵司占 45%（基于前期技术储备估值）

技术贡献系数：由第三方评估机构按专利产出质量评定（0.8—1.2）

2. 投入分档激励

贵司投入占比	分成系数上浮	案例参照
≥40%	+10%	2022 年 B 项目增收 230 万元
30%—39%	+5%	2023 年 C 项目节省成本 17%
<30%	0	2021 年 A 项目延期罚金

3. 里程碑奖励

提前 30 天完成原型开发：额外开放 2% 销售分成池

关键技术指标超标 20%：共享专利优先授权

第三轮指令：构建知识产权矩阵

用户指令：

生成知识产权归属条款，须包含：

1. 三类专利定义与归属规则；

2. 商业化收益分配公式；

3. 竞业限制例外清单；

4. 使用流程图＋表格综合呈现。

DeepSeek 输出：

标题：知识产权归属矩阵——确权不伤合作

1. 分类定义

专利类型	归属规则
基础专利	按投入比例共有（我司占 60%：贵司占 40%）
衍生专利	实际发明方独有，但需授权对方免费使用
改进专利	改进方独有，但原专利方享有优先采购权

2. 商业化分配

基础专利收益：按共有比例实时分账

衍生专利收益：发明方获 70%，被授权方获 30%

3. 竞业豁免条款

允许在储能电池领域独立申请专利（须提前备案）

氢能核心技术禁止向第三方授权（保护期五年）

第四轮指令：设计风险管控体系

用户指令：

制作"风险管控"模块，要求：

1. 数据泄露三级响应机制；

2. 违约阶梯式处罚方案；

3. 保险对冲条款；

4. 加入 SWOT 分析，增强说服力。

DeepSeek 输出：

三、风险控制体系

标题：数据安全防火墙——从防御到补偿的全周期管理

1. 防护体系

层级	措施	响应时效
技术层	区块链存证＋联邦学习	实时监控
制度层	双人权限审批＋操作日志溯源	24 小时
补偿层	投保网络安全险（保额 5000 万元）	72 小时理赔

2. 违约处罚阶梯

违约等级	情形举例	处罚措施
一级	延期交付超 30 天	按日收取合同金额 0.1% 违约金
二级	关键技术参数不达标	冻结下一阶段分成权益
三级	核心数据被泄露	终止合作＋追偿实际损失 200%

3. 风险对冲

共设风险保证金池（双方各存入 500 万元）

引入第三方技术审计（每季度 1 次）

第五轮指令：生成法律附则

用户指令：

完善附则部分，须包含：

1. 争议解决优选地及适用法律；

2. 协议终止的五种情形；

3. 保密条款的有效期；

4. 用对比表呈现行业惯例差异。

DeepSeek 输出：

四、附则

1. 争议解决机制

首选仲裁地：新加坡国际仲裁中心

适用法律：联合国国际货物销售合同公约（CISG）

2. 协议终止情形

序号	终止条件	行业常见条款对比
1	连续两个阶段未达技术指标	行业常规：三个阶段
2	重大违约未在60天内补救	行业常规：90天
3	不可抗力持续180天	行业常规：无明确期限

3. 保密条款

有效期：协议终止后10年（行业平均5年）

范围扩展：涵盖供应商及关联公司

第六轮指令：整合完整合作函

用户指令：

将以下模块整合为正式合作函：

1. 动态分成模型（含公式）；

2. 知识产权矩阵（流程图）；

3. 风险阶梯处罚（表格）；

4. 法律附则（对比表）。

要求：补充商务函件标准要素，正文字数控制在800字以内，附件用占位符标注。

DeepSeek 输出：

发件人：沈悦 <shen.yue@××newenergy.com>

主题：【共赢提案】××项目联合研发协议修订版

尊敬的绿能科技团队：

感谢贵司对合作条款的深度反馈。基于双方核心诉求，我们重构了更具

弹性的合作框架：（开头摘要）

核心优化：

1. 动态分成：基础比例55∶45，最高可浮动至63∶37（详见附件1公式）

2. 知识产权：衍生专利免费互授权（附流程图）

3. 风险对冲：共设1000万元保证金池+5000万元网络安全险

特别让渡：

1. 开放氢能电解槽专利优先授权（原属限制条款）

2. 首年审计费用由我司全额承担

3. 期待贵司在72小时内反馈意见。让我们共同定义新能源合作的黄金标准！（结尾呼吁）

附件：

1. 动态分成计算模型

2. 知识产权归属细则

3. 风险控制白皮书

第七轮指令：博弈平衡升级

用户指令：

进行高阶润色：

1. 在关键条款插入"锚定效应"表述（如基于贵司建议优化）；

2. 将"处罚"改为"履约保障金"表述；

3. 添加三处行业权威数据对标；

4. 用颜色标注让步条款（绿色）与底线条款（红色）。

DeepSeek输出：

优化版节选

本次修订<green>特别采纳贵司建议</green>，将技术贡献系数上限提升至1.2（原1.1），这意味着贵司最高可分得<green>52.8%</green>收益（原50%）。

根据<green>普华永道2023年联合研发报告</green>，采用动态分成模型的项目成功率提升41%。我们引入的<green>"里程碑奖励池"</green>设计，已在国内头部企业验证（如宁德时代D项目增收37%）。

<red>唯一不可调整条款</red>：氢能核心专利保护期（5年），此系集团战略红线。

【最终成果】

通过七轮指令生成，DeepSeek实现：

1. 利益平衡：动态模型让双方灵活博弈；
2. 风险闭环：三级防御+双重保险体系；
3. 法律武装：11处条款优于行业标准；
4. 战略留白：为后续合作埋入3个接口。

最终函件：

字数：正文785个字+附件；

要素：4大模块+23个子条款+5处行业对标；

效果预测：异议条款减少70%，签约周期缩短40%。

这封合作函证明：最高明的商务谈判，是把刀光剑影化作共同落笔的墨水——当每个条款都成为共赢的齿轮时，反对声自会消弭于无形。

第九章
领导讲话稿——DeepSeek 分场合定制

写领导讲话稿，是一门需要技巧的艺术。每次领导讲话，都是在公开场合传递信息、展示形象的关键时刻。因此，讲话稿不仅要内容严谨、语言得体，还需要根据不同场合和听众调整风格。作为公文写作者，你可能会感到压力巨大：如何写出既符合领导意图，又能引起听众共鸣的讲话稿呢？

第九章"领导讲话稿——DeepSeek 分场合定制"将为你揭开写好领导讲话稿这项技能的神秘面纱。借助 DeepSeek，你可以根据不同场合的需求，精准提炼信息，为领导量身打造讲话稿。DeepSeek 能帮助你调整语言风格和内容重点，让讲话稿既有深度，又有温度，避免生硬乏味，创作出更具吸引力和影响力的讲话稿。无论是大会发言，还是内部会议，DeepSeek 都将助你一臂之力，让领导的每次讲话都非常出色。

9.1 动员大会：DeepSeek 插入行业案例与危机预警

周二清晨 7 点，××新能源集团 CEO 陈立站在办公室落地窗前，望着楼下零星的晨跑者，手中的咖啡早已凉透。距离年度动员大会仅剩 48 小时，PPT 上的"突破极限"4 个字在屏幕上闪烁，却显得空洞无力。销售数据表显示，Q3 营收同比下滑 18%，核心产品市占率被竞争对手蚕食 5 个百分点，而团队内部调研显示，竟有 35% 的员工对年度目标"缺乏信心"。

更棘手的是，董事会要求本次动员必须实现"三击穿"——击穿保守心态、击穿部门壁垒、击穿增长瓶颈。行政助理整理的初稿里堆砌着"砥砺前行""使命必达"等口号，但缺乏让一线战士热血沸腾的"弹药"。陈立点开 DeepSeek 输入指令："生成带有行业血性与生存危机的动员讲话，要让人坐不住。"

第一轮指令：生成讲话核心框架

用户指令：
生成新能源行业动员大会讲话稿框架，须包含：
1. 危机预警模块：行业趋势数据 + 竞争对手动向；
2. 破局路径模块：技术突破 + 市场策略 + 组织变革；
3. 情感共鸣点：员工成长故事 + 客户价值案例；
4. 格式要求：采取"生存现状—战斗方案—胜利展望"三幕式结构。

DeepSeek 输出：
《涅槃 2024：向死而生的新能源战役》讲话稿框架
一、生存现状：凛冬已至
1.1 行业寒冬数据（装机量下滑 / 政策退坡 / 资本撤离）
1.2 竞争对手屠刀（技术封锁 / 价格战 / 人才掠夺）
1.3 内部病灶扫描（效率黑洞 / 创新乏力 / 协同失效）
二、破局路径：三把尖刀
2.1 技术尖刀：下一代电池研发倒计时
2.2 市场尖刀：海外突围 + 场景创新

2.3　组织尖刀：战时机制＋铁三角作战单元

三、胜利展望：向光而行

3.1　个人成长路线图（技能升级／股权激励）

3.2　行业重塑愿景（标准制定者／生态主导者）

3.3　战斗动员令（军令状签署／资源承诺）

第二轮指令：填充危机预警数据

用户指令：

细化"生存现状"模块，要求：

1. 使用 2022—2024 行业对比数据；

2. 披露 3 个竞争对手关键动作；

3. 内部问题用"体检报告"形式呈现；

4. 加入倒计时增强紧迫感。

DeepSeek 输出：

一、生存现状：凛冬已至

1.1　行业失血

全球储能装机量增速从 2022 年的 68% 暴跌至 2023 年的 19%（数据来源：BNEF）

欧洲碳关税倒计时：2024 年 7 月起，每度电成本增加 0.12 欧元（影响我司 23% 营收）

1.2　对手屠刀

A 公司：钠离子电池量产成本降至 0.35 元 /Wh（比我司低 18%）

B 集团：在南美锁定锂矿独家开采权（卡住我司 40% 原料供应）

C 科技：挖走我司欧洲研发团队核心成员（含 2 名首席科学家）

1.3　体内毒瘤

病症	检测指标	健康阈值	我司现状
创新贫血	研发专利占比	≥ 30%	22%
部门血栓	跨部门需求响应时效	≤ 3 天	8.5 天
市场失温	新场景收入占比	≥ 40%	17%

红色警报：距下一代电池技术窗口期关闭仅剩 214 天。

第三轮指令：设计破局路径

用户指令：

展开"三把尖刀"模块，须包含：

1. 技术路径：研发里程碑 + 专利壁垒；

2. 市场策略：区域聚焦 + 差异化定价；

3. 组织变革：战时 KPI+ 资源倾斜机制；

4. 使用甘特图 +SWOT 分析增强说服力。

DeepSeek 输出：

二、破局路径：三把尖刀

2.1　技术尖刀——刺破同质化囚笼

核心目标：2024 年 10 月实现固态电池量产（能量密度 500Wh/kg）

撒手锏：

▶ 独占性专利：热失控阻断技术（全球唯一通过 UL 认证）。

▶ 研发军令状：每延迟 1 天，团队扣减 10% 期权池。

2.2　市场尖刀——在红海中开辟蓝海

区域战略：

▶ 北美：绑定数据中心备电场景（单价提升 30%）。

▶ 东南亚：推出"光储充"一体化集装箱方案。

定价革新：

▶ 基础产品降价 15%（打击跟风者）。

▶ 增值服务溢价 50%（故障响应缩短至 2 小时）。

2.3　组织尖刀——打造特种兵军团

机制变革：

▶ 实行"6—2—2"资源分配（60% 资源给头部项目 /20% 试错 /20% 备用）。

▶ 建立"铁三角"作战单元（技术 + 市场 + 交付人员强制组队）。

考核升级：

▶ 季度排名后 10% 团队重组。

▶ 超额利润的 30% 即时分配。

第四轮指令：嵌入情感共鸣案例

用户指令：

在"胜利展望"部分插入以下内容：

1. 2 位员工逆袭故事（技术/销售岗各 1 位）；

2. 1 位客户价值创造案例；

3. 使用"过去—现在—未来"时间线叙事；

4. 团队战吼口号。

DeepSeek 输出：

三、胜利展望：向光而行

3.1 平凡英雄

研发工程师张涛：

过去：5 年未晋升的电池封装工程师

现在：主导应急散热模组研发，获国际专利

未来：新成立创新实验室首席科学家

海外销售李薇：

过去：因时差每天工作至凌晨 3 点

现在：单枪匹马拿下印尼 200MWh 储能订单

未来：东南亚大区合伙人

3.2 客户价值

为挪威渔业公司定制船用电池：

过去：渔船出海须携带 3 吨柴油发电机

现在：清洁能源供电，年省成本 $12 万

未来：共同制定北欧船舶动力标准

战吼时刻：

（全体起立）我承诺——

用技术刺穿黑暗，用订单赢得尊严，用血肉筑起长城。

第五轮指令：整合完整讲话稿

用户指令：

将以下模块整合为正式讲话稿：

1. 危机预警（数据+竞争对手分析）；

2. 破局路径（三尖刀战略）；

3. 胜利展望（故事+战吼）。

要求：补充开场致辞与结尾动员，正文控制在2000字以内，插入三处停顿提示。

DeepSeek 输出：

涅槃2024：向死而生的新能源战役

——××新能源集团2024年度动员大会讲话

陈立 | CEO

2024年1月15日

（开场，低沉缓慢）

同事们，今天我不打算用"春天就在眼前"安慰大家。（停顿）

因为真实的战场数据显示——春天不会自己到来，必须用血与火去争夺。

第一幕：我们正在经历什么？

1. 行业大逃杀（激光笔指向屏幕）

全球储能市场增速腰斩，但竞争对手的刀却越来越快——

A公司的钠电池正在吃掉我们的低端市场，B集团锁死锂矿逼我们出血本采购……（停顿）更痛心的是，欧洲研发中心的王博士被挖走时对我说："这里已经看不到改变世界的野心。"

2. 体内癌细胞

看看这份体检报告吧。（点击翻页）

研发专利占比22%，落后行业标杆8个百分点；一个简单的跨部门需求，平均要等8.5天——竞争对手比我们快3倍。

（突然提高音量）

但这就是结局吗？不，因为——

第二幕：我们的反击路线

（屏幕切换为三把尖刀动态图）

第一把刀：技术革命

所有研发团队注意：10月15日必须量产固态电池。

谁攻下热失控阻断技术，直接奖励团队500万元期权。

第二把刀：市场奇袭

北美团队听令：数据中心备电方案单价必须比竞品高30%。

东南亚纵队听令：我要看到1000个"光储充"集装箱落地。

第三把刀：组织重生

即日起实行"抢粮机制"：排名前30%的团队拿走60%的资源。

每个"铁三角"单元都是独立公司，赚的钱当场分。

第三幕：我们要成为谁？

（屏幕播放张涛、李薇的纪录片片段）

看看张涛。5年冷板凳坐穿，今年带着团队拿下国际专利。

看看李薇。孩子出生当天还在印尼抢单，现在她是我们的东南亚女王。

（灯光骤亮，音乐响起）

我承诺：

所有超额利润的30%即时分给作战团队。

年度TOP10"铁三角"将成立合资公司。

（最后，撕掉演讲稿）

现在，请全体起立。（停顿）

跟我喊——

要么涅槃重生，要么死在今夜。

第六轮指令：情绪爆破点设计

用户指令：

进行高阶润色：

1. 在关键数据后添加音效提示（标注在稿中）；

2. 插入3处反问句增强互动；

3. 加入行业领袖语录背书；

4. 用颜色标注情绪递进层次。

DeepSeek 输出：

优化版节选

（屏幕闪红，音效：警报声）

看看这组数据：（激光笔圈出）

装机量增速从68%暴跌至19%。（停顿）

<red> 问各位：我们是要当跌停板上的数字，还是K线图的掌控者？ </red>

（播放马斯克原声："如果你没遇到危机，说明你跑得不够快。"）

是的。<blue> 宁德时代曾用3年走完10年路，靠的不是等待春天，而是自己造太阳。</blue>

（突然安静，轻声）

昨夜我问张涛为什么玩命，他说——（音效：心跳声）

"我不想孩子将来在教科书里看到，中国新能源的崛起史中没有爸爸的名字。"

【最终成果】

通过六轮指令生成，DeepSeek 实现：

1. 危机具象化：17组数据+6个对手案例让威胁可感知；
2. 路径锋利度：3大战略配12项具体动作，拒绝空谈；
3. 情感爆破力：2个逆袭故事+3次全场互动点燃热血；
4. 仪式感设计：战吼/灯光/音效全流程沉浸体验。

最终讲话稿：

时长：28分钟（含3次集体行动）；

数据密度：每分钟2.1个关键指标；

效果预测：会后调研显示，员工目标认同度从47%提升至89%。

这份讲话稿证明：真正的动员不是打鸡血，而是用残酷的现实唤醒战斗本能——当每个人都看清悬崖边的战局，冲锋号自会响彻云霄。

9.2 表彰大会：DeepSeek 生成员工专属贡献故事

周五傍晚，××科技 CEO 陆明阳翻看着行政部提交的表彰名单，眉头紧锁。PPT 上的"优秀员工"模板千篇一律——"按时完成任务""积极参与活动"——这样的颁奖词，连获奖者本人都记不住自己的闪光点。后台数据显示，去年表彰大会后，获奖员工的内部知识分享量反而下降 15%，匿名调研中更有人吐槽："拿奖就像领工资，毫无惊喜。"

陆明阳调出公司年度数据池：销售冠军王琳曾用 72 小时攻克亿元级订单，却仅被标注"超额完成目标"；研发骨干张涛带队突破芯片散热技术，仅获得"技术贡献突出"的评语。他点开 DeepSeek 输入指令："把数据库里的代码，变成有温度的英雄故事。"

第一轮指令：生成讲话稿核心框架

用户指令：
生成科技公司年度表彰大会讲话稿框架，须包含：
1. 故事类型：攻坚型 / 创新型 / 协同型 / 逆袭型；
2. 数据支持：每项表彰需 3 类量化指标（业务贡献/效率提升/客户价值）；
3. 情感共鸣：个人高光时刻 + 团队联动效应；
4. 结构要求：按"破晓者—造浪者—织网者"三大荣誉体系。

DeepSeek 输出：
《星火 2024：寻找改变世界的人》讲话稿框架
一、开场：重新定义优秀
表彰逻辑升级：从考核达标到价值创造
新荣誉体系说明（破晓者 / 造浪者 / 织网者）
二、破晓者：技术攻坚里程碑
案例 1：芯片散热技术突破（对标国际巨头）
案例 2：安全攻防零失守纪录
三、造浪者：商业价值创造者
案例 1：千万级订单破冰战

案例 2：用户增长新范式

四、织网者：生态连接大师

案例 1：跨部门协同引擎

案例 2：开发者生态裂变

五、星火传承：从个人到组织

获奖者特权：创新基金＋带教责任

全员挑战赛启动

第二轮指令：生成技术攻坚故事

用户指令：

展开"破晓者"案例，要求：

1. 还原技术攻关关键时刻（时间压力／失败次数）；

2. 量化技术突破价值（性能提升／专利壁垒）；

3. 关联行业格局影响；

4. 用"黑暗—曙光"隐喻叙事。

DeepSeek 输出：

破晓者勋章：张涛团队

黑暗时刻：

2023 年 6 月，某车企因芯片过热问题威胁终止合作；

竞品散热方案专利封锁，常规路径被全部封死；

连续七次实验室测试失败，热堆积峰值达 102℃。

追光之路：

逆向思维：从"散热"转为"热量循环利用"；

72 小时连续奋战，尝试 23 种新型材料组合；

在第八次测试中捕捉到关键数据拐点。

破晓时刻：

全球首创相变储能散热技术，温差控制 ±0.5℃；

专利申请数达 15 项，卡住竞品技术咽喉；

助力车企拿下欧盟安全认证，订单额提升 2.7 亿元。

技术涟漪：

带动公司芯片产品溢价率提升18%；

受邀参与国际半导体散热标准制定。

第三轮指令：包装商业价值案例

用户指令：

生成"造浪者"案例，要求：

1. 客户攻坚详细过程（破冰策略/关键转折）；

2. 订单价值分解（直接收益/生态溢价）；

3. 加入竞争对手干扰情节；

4. 用战场术语增强画面感。

DeepSeek 输出：

造浪者勋章：王琳

滩头争夺战：

目标：某国际物流集团数字化转型订单（预算1.2亿元）。

开局不利：客户CTO直言"你们的方案缺乏新意"。

侧翼穿插：

深挖痛点：潜伏客户仓库3天，发现分拣错误率高达7%。

定制方案：将AI视觉识别与机械臂联动响应时间缩至0.3秒。

炮火反击：

竞争对手突然降价30%，客户动摇。

通宵制作对比测试视频：我方方案分拣效率高41%。

战利品清单：

直接签约额：1.05亿元（三年框架协议）。

生态价值：接入其全球78个枢纽数据，优化算法库。

战略威慑：竞争对手被迫退出亚太区物流赛道。

第四轮指令：设计协同型表彰

用户指令：

生成"织网者"案例，要求：

1. 展示跨部门协同机制创新；

2. 量化效率提升与成本节约；

3. 加入冲突化解情节；

4. 用基础设施隐喻增强价值感。

DeepSeek 输出：

织网者勋章：李然

断桥危机：

市场部与技术部需求对齐周期长达 14 天。

产品上线节奏屡次被内部流程拖垮。

架桥行动：

发明"三明治工作法"：

▶ 顶层：月度战略对齐会（决策层＋骨干）。

▶ 夹心层：每周需求交易所（优先级拍卖机制）。

▶ 底层：每日技术市集（API 接口实时测试）。

通行数据：

需求响应周期从 14 天缩短至 1.8 天。

重复开发量减少 65%，年节约成本 870 万元。

无形路网：

沉淀出《跨部门协作标准手册》（被集团采纳推广）。

孵化 3 个创新项目（市场＋技术联合组队）。

第五轮指令：整合完整讲话稿

用户指令：

将以下模块整合为正式讲话稿：

1. 三大荣誉体系案例（各 2 个）；

2. 特权与挑战机制；

3. 情感升华金句。

要求：补充开场致辞与互动环节，正文字数控制在 2500 字以内，插入 3 处全员行动指令。

DeepSeek 输出：

星火2024：寻找改变世界的人
——××科技年度表彰大会讲话

陆明阳 | CEO

2024年1月20日

（开场，灯光渐亮）

各位战友，今天我们要做一件反常规的事——

不是表彰优秀员工，而是寻找改变游戏规则的人。（停顿）

因为在这个算法驱动的时代，真正的价值永远无法被KPI完全量化！

第一部分：重新定义荣誉

（大屏幕亮起新荣誉体系动画）

破晓者：为技术无人区点亮火把的人。

造浪者：在红海市场掀起价值海啸的人。

织网者：把组织效能编织成金线的人。

现在，让我们开启2024年的人类群星闪耀时刻……

第二部分：破晓者列传

（激光束聚焦舞台左侧）

有请张涛团队！

当所有人都说"散热技术已到物理极限"时，他们选择成为——

（大屏幕播放实验室夜视镜头）

烧不死的鸟，终成凤凰！

（全场掌声）

（突然切换故障音效）

但荣耀背后是：

72小时不眠不休的23次失败；

被汗水浸透的157张实验记录表。

（转向张涛）

今天，我宣布：

以你们命名的"相变实验室"正式启用，年度预算3000万元！

第三部分：造浪者传奇

（舞台右侧升起海浪特效）

掌声欢迎王琳！

她用事实证明：

（大屏幕弹出物流仓库对比视频）

在真正的高手面前，价格战只是杂音！

这个单枪匹马保住1.05亿元订单的战士——

（突然插播竞争对手CEO采访片段："我们低估了××科技的韧性。"）

将获得"总裁特别奖"：带薪环球游学3个月，寻找下一个战场！

第四部分：织网者密码

（全息投影展示协作网络）

致敬李然！

你发明的"三明治工作法"——

（显示部门协作效率曲线）

让我们的组织智商提升了两个数量级！

作为回报，你将担任集团流程优化官，直接向我汇报！

最终章：星火燎原

（大屏幕切换为火星飞舞动画）

现在，我宣布：

所有获奖者自动成为"星火导师团"成员，必须培养三名接班人！

设立1000万元"颠覆者基金"，任何有疯狂创意者都可申请！

（突然关灯，仅留一束顶光）

最后，请全体起立！（停顿）

跟我喊出今年的行动密码——

不做工具人，要做造物主！

（烟花绽放，音乐响起）

第六轮指令：记忆点爆破

用户指令：

进行高阶润色：

1.在关键情节添加道具（如展示烧变形的实验器材）；

2. 插入一段获奖者家人惊喜视频；

3. 加入行业媒体评价增强权威性；

4. 用颜色标注荣誉等级（金色/银色/铜色）。

DeepSeek 输出：

优化版节选

（当张涛上台时，礼仪小姐端出烧变形的散热模组）

请看这个"失败者纪念碑"——（聚光灯聚焦）

它记录着 23 次失败，但正是这些伤疤……

（大屏幕突然播放张涛女儿录音："爸爸，你实验室的灯是我见过最亮的星星！"）

（展示《MIT 科技评论》报道截图）

国际权威评价：<gold>"××科技的散热革命，让摩尔定律续命 5 年。"</gold>

（全场灯光按荣誉等级渐变）

<gold>破晓者</gold>——技术圣殿的叩门人

<silver>造浪者</silver>——商业丛林的猎手

<copper>织网者</copper>——组织基因的编辑者

【最终成果】

通过六轮指令生成，DeepSeek 实现：

1. 故事穿透力：6 个案例全部配备独家细节与道具；

2. 价值感知度：每个表彰关联 3 层价值（个人/团队/行业）；

3. 仪式创新性：3 种灯光语言+2 个沉浸式互动环节；

4. 长效激励：特权设计激发持续贡献。

会后数据：

1. 内部传播量：获奖故事在员工圈转发量达帖子平均转发量的 17 倍；

2. 外部影响力：3 个案例登上行业媒体头条；

3. 行为改变：次月创新提案数增长 230%。

这份讲话稿证明：真正的表彰不是颁奖，而是为组织铸造活的纪念碑——当每个故事都成为文化基因，平庸便无处容身。

9.3 行业论坛：DeepSeek 抓取热点数据打造爆款观点

周三下午 3 点，××医疗科技集团 CTO 苏晴在后台休息室踱步，手中的演讲稿被反复揉皱又展开。两小时后，她将作为压轴嘉宾登上全球数字健康峰会的讲台，但演讲稿里充斥着"数字化转型势在必行""AI 赋能医疗未来"等陈词滥调。同行分享的实时数据显示，论坛直播观看量正以每分钟 3% 的速度下滑，而观众弹幕频繁飘过"又是老生常谈""没新东西就切台"。

苏晴扫过 DeepSeek 实时监测的行业热搜词："医疗大模型监管空白""AI 误诊法律追责""电子病历数据垄断"——这些刺痛行业神经的议题，在她的初稿中竟只字未提。她深吸一口气，输入指令："生成带刀锋的行业洞察，用数据刺穿表象，用观点引爆舆论场。"

第一轮指令：生成演讲稿核心框架

用户指令：
生成医疗 AI 行业论坛演讲稿框架，须包含：
1. 爆款观点：至少 3 个反常识结论；
2. 数据武器库：近半年行业争议事件 + 隐蔽数据；
3. 行动纲领：技术 / 政策 / 伦理三维解决方案；
4. 结构设计：按颠覆—危机—重生三幕剧推进。

DeepSeek 输出：
《医疗 AI 的至暗时刻与破晓之路》演讲稿框架
一、行业颠覆进行时
1.1　数据真相：全球医疗 AI 市场规模虚胖指数（实际落地率 ≤ 23%）
1.2　技术假象：大模型临床诊断准确率陷阱（三甲医院实测数据）
1.3　权力博弈：科技巨头与医疗机构的算力博弈
二、冰山下的危机
2.1　数据垄断：电子病历利用率不足 5% 的真相
2.2　伦理黑洞：AI 误诊法律追责真空地带

2.3 人才断层：复合型医学 AI 工程师缺口达 87%

三、重生路线图

3.1 技术纠偏：从"更大模型"到"更准场景"

3.2 制度创新：医疗 AI 分级准入白皮书

3.3 生态重构：患者数据主权交易模式

第二轮指令：抓取热点数据，构建颠覆性观点

用户指令：

生成"行业颠覆进行时"内容，须包含：

1. 对比公开数据与隐蔽数据（如融资额 vs 实际营收）；

2. 提出三个反常识结论（需数据支撑）；

3. 加入跨国对比（中美欧发展路径差异）；

4. 用战争隐喻增强冲突感。

DeepSeek 输出：

一、行业颠覆进行时

1.1 数据泡沫

公开数据：全球医疗 AI 市场 2023 年增长 68%（IDC 数据）。

隐蔽数据：已部署项目的临床使用率仅 23%（FDA 抽样报告）。

反常识结论一：每 1 美元 AI 投资，仅 0.17 美元转化为真实医疗价值。

1.2 准确率骗局

实验室宣称：皮肤癌识别准确率为 97%（基于 ISIC 数据集）。

三甲医院实测：跨种族误诊率高达 34%（北京协和医院数据）。

反常识结论二：AI 诊断在真实场景中的表现可能不如五年资质住院医师。

1.3 算力殖民

科技巨头控制 83% 的医疗云算力（AWS/Azure/GCP）。

医疗机构每月为数据存储支付的费用超过新设备采购预算。

反常识结论三：医院正在沦为科技公司的数据佃农。

第三轮指令：设计危机预警模块

用户指令：

生成"冰山下的危机"内容，须包含：

1. 数据垄断利益链解剖（从采集到变现）；

2. 法律追责案例库（近 3 年典型诉讼）；

3. 人才供需缺口动态模型；

4. 用病毒传播模型比喻风险扩散。

DeepSeek 输出：

二、冰山下的危机

2.1　数据黑市解剖

患者电子病历利用率仅 5%，但数据存储成本年增 28%。

灰色产业链：单份脱敏病历黑市价 0.5 美元，年交易量超 20 亿份。

2.2　法外之地

2023 年美国首例 AI 误诊致死案：法院裁定"算法无须担责"。

中国医疗 AI 诉讼年增 300%，但胜诉率不足 3%（被告多为医院）。

2.3　人才疫情

全球医学 AI 工程师需求缺口达 47 万人（2023 年新增岗位占比 31%）。

培养速度仅为需求增速的 1/5，顶尖人才年薪突破 200 万美元。

风险传播模型：

初始感染（技术缺陷）→ 超级传播（资本追捧）→ 变异升级（法律风险）→ 群体免疫崩溃（行业信任崩塌）。

第四轮指令：生成重生路线图

用户指令：

生成"重生路线图"内容，须包含：

1. 分技术 / 政策 / 伦理三线作战；

2. 提出可量化里程碑（如误诊率降至 1%）；

3. 设计利益分配创新机制；

4. 使用军事作战地图可视化。

DeepSeek 输出：

三、重生路线图

技术纠偏战线：

2024年目标：临床辅助诊断误诊率≤1%（当前3.7%）。

撒手锏：联邦学习+区块链构建分布式诊断网络。

政策攻坚战线：

推动医疗AI三级分类监管：

▶ L1（辅助工具）：实时监控，误诊率超阈值自动停用。

▶ L2（决策参考）：强制接入医师双签系统。

▶ L3（自主诊断）：禁止在急诊/重症场景使用。

伦理重建战线：

创建患者数据主权交易平台：

▶ 患者可自主定价出售数据（最低0.1美元/次）。

▶ 数据使用方须支付动态版权费（按调用次数计费）。

作战地图：

2024 Q2：完成10家三甲医院联邦学习节点部署。

2024 Q4：发布全球首份医疗AI误诊责任认定指南。

2025 Q2：实现数据主权交易额破1亿美元。

第五轮指令：整合完整演讲稿

用户指令：

将以下模块整合为正式演讲稿：

1. 颠覆性数据对比；

2. 危机传播模型；

3. 三维重生路线。

要求：补充开场提问与结尾行动倡议，嵌入3个互动环节，正文控制在2000字以内。

DeepSeek输出：

医疗AI的至暗时刻与破晓之路

——全球数字健康峰会主旨演讲

苏晴 | CTO

2024年3月15日

（开场，大屏幕显示暗黑风格数据可视化）

各位同人，请先回答我三个问题：

1. 你相信医疗 AI 诊断准确率超 90% 的宣传吗？（现场投票）

2. 你知道医院每年为数据存储支付的费用可买多少台 CT 机吗？

3. 如果 AI 误诊致死，该由谁担责？（大屏幕弹出诉讼案例库）

（停顿，灯光骤亮）

很遗憾，这些问题背后藏着行业的至暗秘密——

第一幕：我们集体编织的皇帝新衣

数据泡沫：每 1 美元 AI 投资仅 0.17 美元转化为真实医疗价值（对比 PPT 闪烁纳斯达克医疗 AI 指数）

技术假象：实验室条件下 97% 的准确率在真实临床场景中可能大幅降低，实际诊断能力可能不如住院医师的现场评估（播放协和医院实测视频）

权力游戏：科技巨头拿走 75% 的利润，医院承担 100% 的风险（展示算力成本占比动态图）

第二幕：冰山撞击倒计时

（大屏幕切换为泰坦尼克号撞冰山模拟动画）

数据黑市：你的病历正以 0.5 美元/份在地下流通

法律真空：2023 年美国 AI 误诊致死案裁定"算法无须担责"，开创危险先例

人才疫情：顶尖医学 AI 工程师比诺贝尔奖得主更难寻

第三幕：绝地反击手册

（激光笔勾勒作战地图）

技术侧：明年实现误诊率 ≤ 1%，否则产品强制退市

政策侧：推动误诊责任"三重追责制"（开发者/运营商/医师）

伦理侧：让患者靠数据版权赚取化疗费（案例：肺癌患者张某年收益 $2400）

（突然关闭 PPT）

最后，我发起"光明宣言行动"：

✓ 加入医疗 AI 透明化联盟（已有 23 国机构签署）

✓ 开放我方联邦学习框架源代码（GitHub 已发布）

✓ 每季度公示误诊率排名（从今日开始）

（大屏幕弹出宣言书二维码）

请扫描签署宣言书，让我们成为刺破黑暗的第一束光！

第六轮指令：舆论引爆设计

用户指令：

进行高阶润色：

1. 插入 Gartner 对医疗 AI 的最新预警；

2. 添加患者证言视频（AI 误诊受害者）；

3. 在关键数据旁标注行业潜规则提示；

4. 用颜色标注行动紧迫性（红色倒计时/绿色解决方案）。

DeepSeek 输出：

优化版节选

（播放 Gartner 分析师警告："2025 年将有 30% 的医疗 AI 项目因伦理问题被终止。"）

（插入视频：乳腺癌患者李某哽咽讲述 AI 误诊经历）

"它说我没事，但现实是……（咳嗽）我已经是晚期。"（全场寂静）

请看这个数据（红框闪烁）：

"临床使用率 23%"（行业潜规则：厂商将试用案例计入落地项目）

我们的 <green>联邦学习框架</green> 已开源，今天下载即可获得：

▶ 误诊率实时监控模块

▶ 数据主权智能合约模板

（大屏幕启动倒计时：行业信任崩塌剩余 814 天）

【最终成果】

通过六轮指令生成，DeepSeek 实现：

1. 观点爆破力：3 个反常识结论引发行业震动；

2. 数据穿透性：17 组对比数据撕开行业伪装；

3. 行动牵引力：可落地的三维路线图与联盟倡议；

4. 舆论传播性：设计争议话题与社交货币（宣言书）。

会后影响：

社交媒体：演讲片段 24 小时内播放量破 500 万，医疗 AI 至暗时刻登顶热搜；

行业响应：11 家机构宣布加入透明化联盟，GitHub 源代码星标数破万；

政策推动：国家卫健委启动医疗 AI 责任认定立法调研。

这份演讲证明：真正的行业演讲不是布道，而是投下思想核弹——当数据成为刺穿谎言的弹片，改变才会真正开始。

9.4 危机公关：DeepSeek 设计"认错和整改"双轨话术

凌晨 2 点，××科技公司 CEO 李航的手机疯狂振动。安全团队紧急报告：因系统漏洞，大约 870 万用户的隐私数据遭泄露，包含姓名、电话、住址等信息，黑市已出现数据包交易。微博热搜榜前五中三条与本次事件相关，话题"××科技卖用户数据"阅读量破 3 亿。董事会紧急会议要求 1 小时内发布公开声明，而公关部的公关声明初稿仍充斥着"深表遗憾""加强防护"等空洞表述。李航点开 DeepSeek 输入指令："生成认错和整改双轨话术，既要止血，更要重建信任。"

第一轮指令：生成核心框架

用户指令：

生成危机公关声明框架，须包含：

1. 认错模块：三级担责（企业/团队/个人）；
2. 整改方案：技术修复+管理问责+用户补偿；
3. 监督机制：第三方审计+透明公示；
4. 风险提示：规避法律免责表述；
5. 输出格式：分层级列表，总时长 5 分钟。

DeepSeek 输出：

《用户隐私保卫战》危机公关框架

核心立场：错在我，改到底

一、认错声明

1.1　企业全责：无条件承担所有后果

1.2　团队失职：安全部门架构重组

1.3　个人担责：CTO 引咎辞职

二、整改行动

2.1　技术止血：72 小时全系统安检

2.2　管理换血：新增首席安全官 CSO 岗位

2.3 用户补偿：免费终身身份保护服务

三、透明重建

3.1 引入四大会计师事务所审计

3.2 每月发布安全防护透明度报告

3.3 设立用户代表监督委员会

风险禁区：

禁止使用"不可抗力""行业普遍现象"

禁止承诺100%安全

禁止提及竞争对手对比

第二轮指令：填充认错细节

用户指令：

展开"认错声明"模块，须包含：

1. 披露事件具体数据（泄露量/影响范围）；
2. 加入用户受害典型案例；
3. 使用"三级衰变"修辞（从企业到个人）；
4. 嵌入法律追责表态。

DeepSeek 输出：

一、认错声明

（低头鞠躬5秒后抬头）

今天凌晨1：47，我们确认：由于访问控制模块逻辑漏洞，因而8723519名用户的个人信息遭到非法窃取——这是××科技成立以来最黑暗的时刻。

（大屏幕播放受害者案例视频）

张女士，我们的十年老用户，刚刚接到精准诈骗电话，损失23万元；陈先生，因住址泄露遭遇入室盗窃……（停顿）这些伤害永远无法用金钱衡量。

作为CEO，我代表公司承担全部责任；安全团队未能通过3月压力测试，即日起解散重组；CTO刘峰已提交辞呈，其未来3年不得从事数据安全工作。

我们已组建法务特别小组，将配合公安机关追查到底，并承担用户因此产生的直接损失——这是底线，更是救赎的开始。

第三轮指令：设计整改方案

用户指令：

请完善"整改行动"部分，须包含：

1. 技术修复包含具体时间节点；

2. 管理措施与行业标准对标；

3. 补偿方案分短期、长期；

4. 加入军事化比喻增强决心。

DeepSeek 输出：

二、整改行动

（切换屏幕至作战地图）

2.1　技术闪电战

即刻启动"铸盾行动"：

▶ 00：00 前下线风险模块（倒计时显示：00：38：27）。

▶ 24 小时内完成全系统渗透测试。

▶ 72 小时部署联邦学习隐私计算架构。

2.2　管理大换血

▶ 设立直接向董事会汇报的首席安全官。

▶ 安全团队招聘标准提升至金融级（ISO 27001 认证为最低门槛）。

▶ 实行"安全一票否决制"：任何产品上线前须通过攻防演练。

2.3　用户补偿体系

即刻生效：

▶ 免费领取 3 年身份保险（最高赔付 200 万元）。

▶ 开通人工客服专属通道（30 秒响应承诺）。

长期守护：

▶ 推出隐私数据收益分红计划（用户可获数据使用收益的 15%）。

▶ 每年投入 1.5 亿元用于反黑产技术研发。

第四轮指令：构建监督机制

用户指令：

请生成"透明重建"内容，须包含：

1. 审计机构资质说明；

2. 透明度报告关键指标；

3. 监督委员会组成规则；

4. 加入用户参与式设计。

DeepSeek 输出：

三、透明重建

3.1　第三方审计

聘请普华永道进行安全体系审计（费用由公司承担）

德勤律师事务所同步开展合规性审查

审计结果于 45 天后全网公示

3.2　透明度报告

每月 15 日发布：

▶ 数据访问日志异常次数

▶ 黑市数据溯源打击成果

▶ 安全漏洞悬赏计划进展

3.3　用户监督委员会

由 11 人组成：

▶ 5 名用户代表（公开抽选 + 报名）

▶ 3 名外部安全专家

▶ 2 名法律界人士

▶ 1 名公司董事（无投票权）

拥有叫停产品上线、查阅审计底稿等特权

第五轮指令：整合公关声明

用户指令：

请将框架整合为正式公开声明：

1. 补充法律声明与联系方式；

2. 控制每段字数 ≤ 120 字；

3. 添加 3 处身体语言提示（如握拳 / 抚心）；

4. 总时长严格控制在 5 分钟内（约 1000 字）。

DeepSeek 输出：

致所有用户的谢罪与承诺
——××科技数据泄露事件公开声明
李航 | CEO
2024 年 4 月 20 日

（开场深鞠躬 10 秒，起身后双手扶讲台）

此刻，我站在这里只有两个身份：肇事者与赎罪者。（大屏幕显示泄露数据量：8723519 条）

（抚心口）

我们辜负了每一位用户的信任——无论是接到诈骗电话的张女士，还是遭遇盗窃的陈先生，所有伤害皆因我们的无能。（切换受害者采访片段）

（握拳捶桌）

为此我们采取三项铁律：

1. 安全团队即刻解散重组，CTO 刘峰未来 3 年不得从事数据安全工作；
2. 72 小时内构建金融级防护体系，否则我引咎辞职；
3. 用户损失全额赔付，并免费提供终身身份护甲。

（切换作战地图）

此刻，技术团队正进行"铸盾行动"：

1. 00：00 前切除风险模块（倒计时显示：00：38：27）；
2. 明晚 24 时前完成全系统"杀毒"；
3. 72 小时后，隐私计算架构全面上线。

（展示用户监督委员会报名二维码）

我恳请用户们亲自参与监督：扫码即可报名加入委员会，你们将拥有叫停产品上线、查阅审计底稿的权利！

（最后低头）

我知道，再多道歉都无法弥补创伤。但请给××科技最后一次机会——我们会用余生证明：今天的错误，终将铸就明天最坚固的盾牌。

（大屏幕弹出 24 小时人工客服入口）

此刻起，我的办公室大门永远为受害者敞开。

第六轮指令：信任重建工程

用户指令：

进行高阶润色：

1. 插入第三方权威背书（如网信办指导意见）；
2. 添加数据安全国际认证计划；
3. 关键节点用红字标注法律后果；
4. 设计"用户共治"话术增强参与感。

DeepSeek 输出：

（屏幕显示网信办文件截图）

根据国家网信办最新要求，我们已主动提交全面整改方案（红字标注：若未通过审查将依法停业）。

（播放 ISO 27001 认证进度条）

90 天内，我们将通过 <red> 国际最高等级数据安全认证 </red>——每一步进展由用户监督委员会直播验证。

（举起"用户共治"徽章）

从今天起，××科技不再是某群人的公司——它属于每一位用户。你们的声音将直接决定：我们何时能重新站起来。

风险控制中枢

DeepSeek 实时监测：

舆情预警：

关键词"辞职作秀"热度上升 → 插入 CTO 辞职文件扫描件

话题"免费保险是套路"发酵 → 展示保单条款全文链接

法律提示：

"全额赔付"可能引发诉讼风险 → 修正为"先行垫付直接损失"

情绪分析：

用户愤怒值下降 12% → 强化受害者关怀措施

信任期待值上升 7% → 提前释放部分审计框架

【最终成果】

通过六轮指令迭代，DeepSeek 实现：

1. 责任切割：企业—团队—个人三级担责体系；

2. 行动穿透：23 项具体整改措施 +18 个时间节点；

3. 共治生态：用户深度参与的监督机制；

4. 法律防火墙：实时风险提示与话术修正。

会后数据：

舆情反转：24 小时负面话题下降 65%；

用户留存：87% 受害者选择接受补偿方案；

监管认可：网信办初步评价"近年最系统化整改案例"。

这份公开声明证明：最高明的危机公关不是灭火，而是以"认错"的方式重建道德高地，以"整改"的方式重构游戏规则——当每个用户都成为监督者，危机便成了进化的催化剂。